Klaus Reichold
Thomas Endl

Ludwig forever

Die phantastische Welt
des Märchenkönigs

| Hoffmann und Campe |

*Für die Kerzenanzünderin von Herrenchiemsee
und den großen Wagnerianer aus dem Sächsischen*

1. Auflage 2011
Copyright © 2011
by Hoffmann und Campe Verlag, Hamburg
www.hoca.de
Satz: atelier eilenberger, Leipzig
Druck und Bindung: Offizin Andersen Nexö, Leipzig
Printed in Germany
ISBN 978-3-455-50200-8

HOFFMANN
UND CAMPE

Ein Unternehmen der
GANSKE VERLAGSGRUPPE

Inhalt

Prolog 9

Das himmlische Finale zum irdischen Trauerakte 15
Der tote König

Sie haben ihn in' See neigsteßn 27
Die Gerüchteküche

Sire, einzig wahrer König dieses Säkulums 43
Die Verklärung

Vom Fin de Siècle zur Science-Fiction 55
Die Zeitumstände

Ein Märchenprinz in grünem Sammetröckchen 79
Der Thronfolger

Das Bulyowsky-Luder soll sich zum Teufel scheren 97
Die Liebe

Langjang, Lederstrumpf und Lohengrin 115
Die Geisteswelt

Ich kann nicht leben in dem Hauch der Grüfte 133
Der Rückzug

Vom Zauber des »Hindu-Kuh«   153
Die Gegenwelt

Man muss sich solche Paradiese schaffen   171
Die Traumhäuser

Eine letzte Erfüllung?   201
Die Meerfahrt

Zeittafel   213

Empfehlungen zum Weiterlesen   217

Abbildungsnachweis   221

Prolog

Wie lässt sich erklären, dass der höchst eigensinnige Herrscher eines weitgehend unbedeutenden Königreiches zu einer weltberühmten Ikone wird? Anders gefragt: Warum geht von Ludwig II. noch im einundzwanzigsten Jahrhundert eine Faszination aus, die am ehesten mit dem Charisma von Superstars wie Michael Jackson zu vergleichen ist?

Johannes Erichsen, der Präsident der Bayerischen Schlösserverwaltung, hat vermutlich recht. Der Märchenkönig entzieht sich jeder Einordnung. Er passt in keine Schublade. Er träumt von absolutistischer Allmacht und ist ein Opfer der Ohnmacht. Er sieht sich als Fürst des Friedens und führt – gezwungenermaßen – zwei furchtbare Kriege. Er verdammt den Sog der Moderne und bedient sich der neuesten Technik. Er fürchtet den Gang zum Zahnarzt und vergöttert tapfere Ritter. Er liebt bärtige Männer und inszeniert sich als jungfräulicher König. Er ist ein Kind der katholischen Kirche und verweigert dem Papst den Gehorsam.

Ludwig II. gilt als unzeitgemäß. Trotzdem ist er ein Musterkind seiner Epoche. Er schwelgt im Exotismus, im Historismus, im Orientalismus. Er ist König und Künstler – eine »Junggesellenmaschine« nach dem Vorbild des Prinzen Eugen, nach dem Vorbild Friedrichs II. von Preußen. Ludwig II. ist der Regisseur seines eigenen Lebens, der Bühnenbildner seiner eigenen Traumwelten, sein eigener und einziger Zuschauer. Ein Theaterkönig!

Ludwig II. ist ein schwarzes Loch. Er saugt alles auf, was ihm in die Quere kommt – Architekturgeschichtliches, Esoterisches, Kunstgeschichtliches, Mythisches, Theologisches. Er beschäftigt sich mit der Möglichkeit

Der König als Beau – um 1864

des lenkbaren Flugs, mit Telefonen, mit dem neuartigen »Velociped«. Er taucht ein in die Welt der byzantinischen Herrscher, der chinesischen Kaiser, der französischen Bourbonen. Er vertieft sich in Erzählungen aus dem antiken Persien, in altindische Epen, in die Nibelungensage. Er kopiert den Stil frühchristlicher Basiliken, mittelalterlicher Kathedralen, barocker Puttenseligkeit.

Wer ist Ludwig II.?

Dieses Buch ist ein Kolportagebericht, ein Klatschreport, eine Art »Yellow Press« des neunzehnten Jahrhunderts. Augenzeugenberichte sind die Basis dieser Darstellung.

Gottfried von Böhm – ebenso wie der König 1845 geboren – macht Karriere am bayerischen Hof und leitet zur Zeit Ludwigs II. unter anderem das »französische Bureau« im Ministerium des Äußeren und des Königlichen Hauses. 1879 ist Böhm als Kabinettssekretär im Gespräch – eine Stellung, die ihn quasi ins Vorzimmer des Märchenkönigs gebracht hätte. Die Entscheidung fällt zugunsten eines anderen Kandidaten. Dennoch weiß Böhm als Mitglied des Regierungsapparats über Vorgänge Bescheid, die der Öffentlichkeit verborgen bleiben. Außerdem kennt er die meisten Akteure im Umfeld des Königs persönlich – nicht nur die Hofbeamten und Künstler, zu denen er sich selbst zählt: Neben seinem eigentlichen Beruf ist Böhm schriftstellerisch tätig. Aus seiner Feder stammen mehrere Theaterstücke, die Ludwig II. für seine Separatvorstellungen vorgeschlagen werden.

Von 1898 bis 1907 steht Böhm dem Geheimen Hausarchiv vor, das heute nur mit ausdrücklicher Genehmigung der Wittelsbacher benutzt werden darf und auch den Autoren dieses Buches offenstand. Aufgrund seiner verschiedenen Ämter und Kontakte dürfte Böhm zu den intimsten Kennern der Lebensgeschichte Ludwigs II. zählen.

Das Gleiche gilt für Luise von Kobell. Als Gattin des königlichen Kabinettssekretärs August von Eisenhart, der zu seiner Amtszeit der wichtigste Ratgeber Ludwigs II. ist, wohnt sie über sechs Jahre lang Tür an Tür mit dem König in der Münchner Residenz. Kobell besorgt die Lektüre Seiner Majestät und weiß es zu schätzen, »in einem Schloße zu leben, wie die Residenz zu München ist, die große historische Erinnerungen birgt und Kunstschätze aller Art enthält. Jeder Pfeiler, jedes Gemälde, jede Pforte ruft die Vergangenheit wach und offenbart Ereignisse und Begebenheiten, als läse man in einer aufgeschlagenen Chronik. Ich konnte, so lange wir in der Residenz wohnten, nach Herzenslust da und dort die Ahnenbilder betrachten.« Hinsichtlich des bayerischen Königshauses gilt Kobell als die bestinformierte Klatschtante ihrer Zeit. Außerdem arbeitet sie als Theaterautorin: Ihre Übersetzung des französischen Dramas *Salvoisy – oder: Der Liebhaber der Königin* wird 1872 bei einer Separatvorstellung aufgeführt.

Auch Philipp zu Eulenburg gehört zu den Kronzeugen dieses Buches. Er ist ab Sommer 1881 Legationssekretär bei der Königlich Preußischen Gesandtschaft in München – und damit die rechte Hand des preußischen Gesandten in Bayern. Weil sein Vorgesetzter, Georg von Werthern, jedes Jahr von Juni bis Oktober in der Sommerfrische weilt, wird er in diesen Monaten von Eulenburg vertreten. »Um meiner Familie die Sommerzeit in der Stadt zu ersparen«, mietet Eulenburg »in dem nahen Starnberg ein Quartier«, wo er vom Tod des Königs erfährt. Er eilt augenblicklich an den »Tatort« und schreibt seinen Bericht unmittelbar nach der aus nächster Nähe miterlebten Katastrophe nieder.

Theodor Hierneis, 1868 in München als Sohn eines Säcklermeisters und Handschuhmachers geboren, tritt mit vierzehn Jahren als »Hofkücheneleve« in den Hofstaat Ludwigs II. ein und begleitet den Märchenkönig bis zu dessen Tod im Jahr 1886. Er hat Anspruch auf ein Stück Fleisch pro Tag und »sein eigenes Kochplätzchen an den großen Herden«. Sein Tagesverdienst liegt »in Loco« – das heißt: an einem »festen Standort wie München, Berg oder Hohenschwangau« bei einer Mark vierzig (circa 13,80 Euro). Als Küchenjunge teilt sich Hierneis mit einem Kollegen ein Zimmer unter dem Wintergarten der Münchner Residenz und lernt nicht nur, welche Reissorten es gibt, sondern auch, worin der Unterschied zwischen Korinthen, Sultaninen und Weinbeeren besteht. Er hat – weil der König die Nacht zum Tage macht – unmögliche Arbeitszeiten und »selten Gelegenheit, den versäumten Schlaf nachzuholen. Die langen wachen Nächte wurden oft, und besonders im Winter, zur Ewigkeit. So erinnere ich mich, daß ich mich oft in Neuschwanstein früh zwischen drei und vier Uhr auf die Terrasse vor der Küche ins Freie setzte, nur um den Schlaf überwinden zu können. Öfters sah ich da, wie sich die Füchse den steilen Hang der Pöllatschlucht heraufschlichen. So gingen die Nächte vorüber, sommers wie winters, und erst wenn das Souper serviert war und keine Abreise bevorstand, konnte ich mich einige Stunden niederlegen.« Zwei Jahre lang, von 1884 bis 1886, fungiert Hierneis als Hofkoch Ludwigs II. 1953, in seinem Todesjahr, ist Hierneis der Seniorchef eines Münchner Delikatessengeschäfts mit einer Filiale in Starnberg und bringt seine Erinnerungen an den Märchenkönig zu Papier.

Gegenüber dem amerikanischen, zehn Jahre jüngeren Schriftsteller Lew Vanderpoole soll Ludwig II. im Jahr 1882 bei einem Gespräch über Edgar Allen Poe sein Herz geöffnet haben: »Ich glaube, daß eine bestimmte Ähnlichkeit zwischen Poes Natur und der meinen besteht. Poe hatte sowohl Genie wie Persönlichkeit. Mir fehlt beides. Er hatte soviel Kraft und Zähigkeit, daß er, bei aller Empfindsamkeit, imstande war, der Welt Trotz zu bieten. Auch das ist mir versagt. Nicht, daß ich ein Feigling wäre. Gleichwohl: Beleidigungen verletzen mich so tief, daß sie mich entwaffnen, und sicherlich werden sie mich eines Tages vernichten. Ein scharfer oder forschender Blick – und sei es der eines gewöhnlichen Bauern – kann mich stundenlang bedrücken. Ein abfälliger Zeitungsartikel macht mich unsäglich elend. Mein Inneres ist sensibel wie eine photographische Platte:

Jeder leiseste Eindruck ist unverwischbar eingeprägt. Was ich lernen sollte, erschien mir albern. Ich konnte stundenlang dasitzen und meinen eigenen Gedanken nachträumen. Dafür wurde ich verspottet. Ich bin einfach anders gestimmt als die Mehrheit meiner Mitmenschen. Gesellschaft ist mir entsetzlich und ich halte mich ihr fern. Frauen machen mir den Hof, aber ich gehe ihnen aus dem Wege und so muß ich es leiden, daß ich verlacht, verachtet und verleumdet werde.«

Sagt Vanderpoole, der in anderem Zusammenhang der Lüge überführt wurde, bezüglich Ludwig II. die Wahrheit? Wir wissen es nicht. Das ist das Problem vieler Geschichten über den Märchenkönig. Was stimmt? Was stimmt nicht? Aber stellen wir uns nicht immer und überall die Frage: Was ist Wahrheit?

Das himmlische Finale zum irdischen Trauerakte
Der tote König

Es war zwei Uhr nachts, wenn nicht später. In den endlosen Gängen der Münchner Residenz herrschte gespenstische Stille. Und nirgendwo zeigte sich ein Diener! Philipp zu Eulenburg, seit knapp fünf Jahren Legationssekretär der Preußischen Gesandtschaft in Bayern, eilte orientierungslos durch die spärlich beleuchteten Korridore. Er kam von einer Unterredung mit dem preußischen Kronprinzen und dem Großherzog von Baden, die in der Residenz logierten und ihn zu sich gebeten hatten. Er sollte ihnen erzählen, was in der Nacht zum vergangenen Montag wirklich passiert war. Dieser Pflicht hatte er aus seiner Sicht Genüge getan. Jetzt wollte er endlich nach Hause. Aber wo ging es hinunter ins Parterre, zur Pforte, die auf die Residenzgasse hinausführte? Am Ende eines dunklen Gangs zeichnete sich eine Tür ab. Eulenburg öffnete sie – und »prallte entsetzt zurück«, wie er in seinen Erinnerungen erzählt. Denn er stand auf einer Empore der Hofkapelle und blickte direkt in den offenen Sarg Ludwigs II.: »So hoch war der Katafalk, auf dem die Leiche des Königs in der Tracht der Georgsritter ruhte, daß sie den Rand dieser Galerie erreichte. Schauderhaft verzerrt war das rot und weiß geschminkte Totenantlitz, auf dem der Widerschein der gelben Kerzen sich spiegelte!«, so Eulenburg.

Seit Jahren hatte sich Ludwig II. kaum in seiner königlichen Haupt- und Residenzstadt München aufgehalten – manchmal nicht viel länger länger als jene einundzwanzig Tage, die die Verfassung dem Monarchen zwingend vorschrieb. Jetzt aber war er für immer zurückgekehrt. Und das Volk, das ihn – den Einsamen, Menschenscheuen, Weltflüchtigen – nur

Tausende zogen vorüber – der Katafalk Ludwigs II. in der Hofkapelle der Münchner Residenz

noch vom Hörensagen kannte, kam in hellen Scharen, um ihn ein letztes Mal zu sehen. »In der Residenzstraße war zeitweilig an ein Durchkommen gar nicht zu denken«, heißt es im Jahrbuch der Stadt München unter dem Datum des 15. Juni 1886. »Zu Hunderten und Tausenden standen die Leute vor dem Portal und warteten, bis der Torflügel sich wieder einmal öffnen und einer neuen Gruppe Einlaß gewähren sollte.«

Auch die damals einundzwanzigjährige Komponistentochter und angehende Schriftstellerin Helene Raff hatte sich in die Schlange eingereiht: »Sämtliche Tore der Residenz waren geschlossen, nur das Löwentor und Apothekertor wurden alle 15 Minuten abwechselnd geöffnet, um den draußen Harrenden den Anblick des Toten zu gönnen. Sooft ein Tor aufging, drängte ein Menschenknäuel vorwärts – Stöhnen und Angstschreie der Eingepressten wurden laut. Und es regnete – regnete – regnete. Zweimal gelang es mir, den toten König zu sehen. Einmal mit meiner Mutter unter den Scharen, welche vor dem Katafalk vorüberzogen. Dann von der Galerie der Kapelle aus, wo Bekannte mich eingeschmuggelt hatten. Steil brennende Wachskerzen warfen einen rötlichen Flackerschein auf den Katafalk, an dem Georgiritter und Hartschiere Wache hielten. Geistliche knieten auf Betstühlen, knieten regungslos. Ebenso steinern standen die Wächter um den hochgebetteten, unheimlich starren Körper. Der König war, so schön die Züge auch im Tode noch erschienen, der furchtbarste Tote, den ich je bis dahin gesehen, weil der erste, dessen Antlitz von Frieden nichts wusste. Eine Bitterkeit, die es fast ins Böse verzerrte, sprach daraus. Inmitten des nur von Flüstern unterbrochenen Schweigens, der dumpfen, nach Wachs und Blumen riechenden Luft ward mir eng und beklommen ums Herz. Ich konnte erst wieder atmen, als ich draußen war.«

Am Tag der Beisetzung traf ein Sonderzug nach dem anderen am zwei Jahre zuvor eröffneten Centralbahnhof ein. Und Zehntausende säumten die Straßen, als sich der Leichenzug am späten Vormittag bei Nieselregen

Der Münchner »Centralbahnhof« – damals der größte der Welt

in Bewegung setzte. Unter dumpfem Trommelwirbel und dem Geläut aller Glocken der Stadt führte des Königs letzter Weg von der Residenz über die Brienner Straße, den Karolinenplatz, die Arcis- und die Sophienstraße, den Stachus und die Neuhauser Straße nach St. Michael, zur Hof- und Gruftkirche der bayerischen Herrscherdynastie.

Die Geschäfte waren geschlossen, an den Fassaden der Häuser flatterten schwarze Fahnen. »Behufs Aufrechterhaltung der öffentlichen Ruhe, Ordnung und Sicherheit während der Allerhöchsten Leichenfeier« hatte man laut einem Bericht des *Bayerischen Vaterlands* vom 22. Juni 1886 »in den Straßen, welche der Kondukt berührt«, sogar das Rauchen verboten. Außerdem war »das Besteigen von Bauten, Baugerüsten, Leitern, Einfriedungen und Dachungen« strengstens untersagt, woran sich allerdings niemand hielt.

Angeführt wurde der Leichenzug von Soldaten der bayerischen Armee. Ihnen folgten die Münchner Schulkinder mit ihren Lehrern, die Ordensleute, die Diener und Hofbeamten, der Stadtklerus, die Angehörigen des königlichen Hochstifts St. Kajetan, die Oberhirten von Bamberg, Eichstätt, Passau, Regensburg und Würzburg, der Münchner Erzbischof und das Domkapitel, der königliche Kammerdiener, die Leibärzte. Erst jetzt kam der von acht Pferden gezogene, mit Kränzen geschmückte Hoftrauerwagen in den Blick, flankiert von Georgirittern, königlichen Edelknaben, Hartschieren, Kammerherren, General- und Flügeladjutanten. Dicht hinter dem Sarg schritten Kronprinz Rudolf von Österreich und Kronprinz Friedrich von Preußen – in ihrer Mitte Prinz Luitpold, der Onkel des to-

Trotz Verbots – Blick vom Dach auf den Leichenzug

Begleitet von schwarz vermummten Guglmännern –
der Leichenzug am Münchner Karolinenplatz

ten Königs. Er hatte nicht nur die Nachfolge seines Neffen übernommen, weswegen er als »Prinzregent« in die Geschichte eingehen sollte. Der Fünfundsechzigjährige war nun auch das neue Familienoberhaupt der Wittelsbacher.

Helene Raff blickte von den offenen Wohnungsfenstern der Familie Cornelius in der Arcisstraße auf das düstere Spektakel: »Von der Persönlichkeit Ludwigs II. ganz abgesehen, hatte das Zeremoniell Fesselndes genug. Das gesattelte Trauerpferd, die Pagen in [den Landesfarben] Blau und Silber, welche Kerzen trugen und die Zipfel des Bahrtuches hielten, und die unmittelbar vor dem Sarg schreitenden ›Gugelmänner‹ im schwarzen, kuttenartigen Überwurf, der nur die Arme frei ließ und auf der Brustseite die Wappen des Königs nebst gekreuzten Totenbeinen zeigte« – das alles wirkte »spukhaft erschütternd«.

Das Grauen sollte sich allerdings noch steigern. Denn als der Sarg um halb drei Uhr nachmittags am Portal von St. Michael »von Stiftsdekan Ritter von Türk und der Hofgeistlichkeit empfangen, nach Absingung der Vigil in einen zweiten gelegt, vom Minister des königlichen Hauses versiegelt und der Gruft übergeben wurde, fuhr angesichts der hocherschreckten Menge eine mächtige Feuergarbe, ein Blitz, herab auf die St. Michaelskirche, dem ein entsetzlicher Donnerschlag folgte. Das war das himmlische Finale zu dem irdischen Trauerakte«, so der Berichterstatter des *Bayerischen Vaterlands*.

Das Königreich Bayern hatte in den Tagen zuvor die wohl aufwühlendsten Stunden seiner jüngeren Geschichte erlebt – einen Krimi, der als »Königskatastrophe« in die Annalen einging. Das Geschehen gibt bis heute Rätsel auf – zumal es mit einem unerhörten Vorgang begann: mit der Entmündigung und Absetzung eines regierenden Monarchen durch seine eigenen Minister und Familienangehörigen. Am frühen Morgen des 10. Juni 1886 stand die »Regentschaftsproklamation« an allen Straßenecken angeschlagen: »Unser Königliches Haus und Bayerns treubewährtes Volk ist nach Gottes unerforschlichem Ratschlusse von dem erschütternden Ereignis betroffen worden, daß Unser vielgeliebter Neffe, der allerdurchlauchtigste großmächtigste König und Herr, seine Majestät König Ludwig II. an einem schweren Leiden erkrankt sind, welches Allerhöchstdieselben an der Ausübung der Regierung verhindert. Da Seine Majestät für diesen Fall weder Vorsehung getroffen haben noch dermalen treffen können, so legen Uns die Bestimmungen der Verfassungsurkunde als nächstem berufenen Agnaten die traurige Pflicht auf, die Reichsverwesung zu übernehmen. München, den 10. Juni 1886, Luitpold, Prinz von Bayern.«

Ludwig II. sollte sich zu diesem Zeitpunkt eigentlich längst in Gewahrsam befinden. Doch ein erster Versuch, ihn festzunehmen, war in der Nacht zuvor auf geradezu tragikomische Weise gescheitert: Der König, von seinem Leibkutscher gewarnt, hatte sich in Schloss Neuschwanstein verbarrikadiert, zur Verstärkung seiner Wachen Gendarmen aus dem nahen Füssen angefordert und die Feuerwehren (!) der umliegenden Dörfer alarmiert. Entsprechend unfreundlich wurde die »Fangkommission«, angeführt vom Minister des Königlichen Hauses und des Äußeren, empfangen. Unten im Dorf standen nach dem Augenzeugenbericht eines Kommissionsmitglieds »zwanzig sehr verdächtige Leute, denen man ansah, daß sie gute Lust hatten, uns in Stücke zu hauen. Oben im Schloßhof wartete eine ganze Rotte ähnlicher Gestalten, Feuerwehrleute, Bauern, Holzknechte, durch deren Reihen wir Spießruten laufen mussten.« Einer von ihnen drohte, dem Minister »alle vier Augen auszuschlagen«. Und als sich die Kommission gewaltsam Zutritt zum Schloss verschaffen wollte, riss Wachtmeister Heinz sein Gewehr hoch und rief: »Keinen Schritt weiter, oder ich gebe Feuer!«

Zu allem Unglück tauchte auch noch Baronin Spera von Truchseß vor dem Schlossportal auf, eine ebenso streitbare wie exzentrische Verehrerin

Gedachte, den König mit ihrem Regenschirm zu schützen –
Baronin Spera von Truchseß

Ludwigs II., die zur Sommerfrische in Hohenschwangau weilte, nun aber ihren König mit dem Regenschirm zu verteidigen gedachte und den Kommissionsmitgliedern ausgesuchte Verwünschungen entgegenschleuderte. Letztendlich kehrten die Herren unverrichteter Dinge und bis auf die Knochen blamiert nach München zurück. Dass sie die Verhaftung des Königs »schulbubenhaft« vermasselt hätten, war noch der geringste Vorwurf.

Trotzdem schienen die Tage Ludwigs II. als Herrscher gezählt. Keine achtundvierzig Stunden später, am Freitag, dem 11. Juni 1886, machte sich eine zweite »Fangkommission« auf den Weg. Sie bestand nur noch aus Bernhard von Gudden, dem Direktor der Kreisirrenanstalt von Oberbayern, dessen Assistenzarzt Franz Carl Müller, einem Gendarmeriehauptmann und fünf Pflegern. Der König, so der Plan, sollte hinterrücks überwältigt und nach Schloss Berg am Starnberger See gebracht werden, wo man sofort mit einer psychiatrischen Behandlung beginnen wollte.

Diesmal waren Dienerschaft und Wachpersonal eingeweiht. Das Unternehmen durfte nicht noch einmal schiefgehen. Neuschwanstein, damals noch Baustelle und größtenteils hinter Gerüsten versteckt, lag bleich und still im fahlen Licht des Mondes, als die Kommission gegen Mitternacht am Burgtor vorfuhr und Bernhard von Gudden letzte Order ausgab. Wie Diebe in der Nacht huschten die Häscher nach dem Augenzeugenbericht von Franz Carl Müller über schwankende Bretter und unverputzte Korridore in Richtung Treppenturm. Auf dem dritten Absatz der Wendeltreppe angekommen, von dem ein kurzer Korridor zum bereits komplett eingerichteten Appartement des Königs führte, teilten sie sich auf. Drei Pfleger stiegen weiter nach oben, um den König zu hindern, auf den Turm zu entkommen. Die beiden anderen Pfleger, die Gendarmen und die beiden Ärzte gingen wieder einige Stufen hinunter, um Ludwig II. auch diesen Weg abzuschneiden. Dort lauerten sie. Es war abgemacht, dass Kammerdiener Lorenz Mayr den König unter einem Vorwand aus seinem Appartement locken sollte.

»Auf einmal hörten wir feste, schwerfällige Tritte«, berichtet Müller, »ein Mann von imposanter Größe stand unter der Korridortüre. Da stürzten die Pfleger von oben herab, wir gingen rasch hinauf. Der König wurde an den Armen gefaßt, stieß bloß ein schmerzlich überraschtes ›Ah!‹ aus und fragte dann immer wieder ›Ja, was soll denn das? Ja was wollen Sie denn? Lassen Sie mich doch los!‹ Dann wurde der König in sein Schlafzimmer geführt, und nun sprach Gudden: ›Majestät, es ist die traurigste Aufgabe meines Lebens, die ich übernommen habe; Majestät sind von vier Irrenärzten begutachtet worden, und nach deren Ausspruch hat Prinz Luitpold die Regentschaft übernommen. Ich habe den Befehl, Majestät nach Schloß Berg zu begleiten, und zwar noch in dieser Nacht. Wenn Majestät befehlen, wird der Wagen um vier Uhr vorfahren.‹«

Dem leichenblassen König blieb nichts anderes übrig, als sich zu fügen. Als kurz vor vier Uhr früh drei Kutschen in den Hof rollten, verabschiedete sich Ludwig II. – in einen dunklen Mantel gehüllt, das schwarze Hütchen mit der Brillantagraffe auf dem Kopf – von Ferdinand Poppeler, dem zuständigen Gendarmeriewachtmeister: »Haben Sie Dank für Ihre treuen Dienste und leben Sie wohl, mich sehen Sie nicht mehr!« Dann stieg er in seinen Wagen, bei dem man den Drücker entfernt hatte, damit er von innen nicht geöffnet werden konnte. »Auf dem Bock saß Oberpfleger Barth, neben dem Wagen ritt ein Reitknecht, der den Auftrag hatte, ständig in den Wagen zu sehen. Sobald er etwas Verdächtiges bemerken würde, sollte er rufen.« Aber das wurde nicht notwendig. Um zwölf Uhr mittags – man schrieb Samstag, den 12. Juni 1886 – traf der Konvoi in Schloss Berg ein, wo man inzwischen ebenfalls die Klinken abgeschraubt und Gucklöcher in die Türen gebohrt hatte. Nach den Pfingstfeiertagen sollten auch die Fenster vergittert werden. Doch dazu kam es nicht mehr. Denn keine sechsunddreißig Stunden später war der König tot. Am Pfingstsonntag, dem 13. Juni 1886, hatte es den ganzen Tag über wie aus Kübeln geschüttet. Schneidender Westwind kräuselte die Wellen des Starnberger Sees, das Wasser war kalt. Zwölf Grad soll es gehabt haben, als Ludwig II. gegen dreiviertel sieben Uhr abends in Begleitung Guddens zu einem Spaziergang durch den Schlosspark aufbrach. Gudden – der berühmteste deutsche Psychiater seiner Zeit, ein gefragter Gutachter aufsehenerregender Schaupro-

Das Ende eines exzellenten Schwimmers – die Leiche Ludwigs II. im hüfthohen Wasser

Stehengeblieben um sechs vor sieben – die Taschenuhr des Königs, Zeugin des Dramas

zesse und selbst im Umgang mit schwerstgestörten Patienten hoch erfahren – hatte merkwürdigerweise angeordnet, dass kein Pfleger mitkommen dürfe.

Allerdings gab es auch keine größeren Sicherheitsbedenken. Der König war den ganzen Tag über äußerst zuvorkommend gewesen. Und der Park, der sich vom Schloss entlang des Seeufers rund achthundert Meter in Richtung Süden erstreckt, hatte an seiner Landseite ja Mauern und Zäune. Trotzdem stieg die Nervosität, als der König und Gudden nach eineinhalb Stunden noch immer nicht zurückgekehrt waren, obwohl es in der Zwischenzeit stärker zu regnen begonnen hatte.

Ein erster Suchtrupp wurde losgeschickt. Als die Männer ohne Ergebnis wiederkamen, griff helles Entsetzen um sich. Das gesamte Schloss-, Gendarmerie- und Pflegepersonal wurde alarmiert. Man gab Fackeln aus. Mehrere Gruppen durchkämmten das dicht bewaldete, ansteigende Gelände, andere brachen durch das tropfnasse Buschwerk am Ufersaum und liefen geradewegs ins hüfttiefe Wasser hinein, um den Seeboden mit langen Stangen abzutasten – jederzeit gewahr, einen grausigen Fund zu machen.

»Um 10 Uhr 30 entstand plötzlich eine große Schreierei«, berichtet Franz Carl Müller, der als Assistenzarzt Guddens die Suche koordinierte: »Ein Schloßbediensteter brachte den Hut des Königs mit der Brillantagraffe, den er am Ufer des Sees gefunden hatte. Der Hut war vollständig durchnässt. Nach wenigen Minuten wurde mir gemeldet, man hätte den Hut Guddens und die beiden Röcke [den Mantel und das Jackett] des Königs gleichfalls am Ufer gefunden, ebenfalls durchnässt, und einige Schritte auf dem Trockenen lag Guddens Regenschirm. Nun lief ich mit dem Schloßverwalter hinunter an den See, wir weckten den Fischer Lidl und bestiegen ein Boot, fuhren ungefähr um 11 Uhr ab gegen Leoni zu. Wir waren noch nicht lange auf dem Wasser, da stieß Huber plötzlich einen Schrei aus und sprang ins Wasser, das ihm bis an die Brust ging. Er umklammerte einen Körper, der frei auf dem See trieb, es war der König in Hemdsärmeln. Ein paar Schritte hinterdrein schwamm ein zweiter Körper – Gudden –, ich zog ihn ans Boot, und dann ruderte Lidl gegen das Ufer zu. Am Ufer sprangen uns einige Pfleger bei, und mit diesen hoben wir die beiden Körper ins Boot, wir standen bis zur Hüfte im Wasser. Beide waren, wie ich damals sofort erklärte, ohne Puls und ohne Atmung. Die Totenstarre war schon eingetreten. Die Uhr des Königs, die aus der Weste heraushing, war um 6 Uhr 54 stehengeblieben, Guddens Uhr um 8 Uhr. Wir machten nun, nachdem wir rasch die Kleider geöffnet hatten, an den beiden die üblichen Wiederbelebungsversuche. Natürlich waren alle Versuche ohne Ergebnis. Als es von Starnberg 12 Uhr Mitternacht schlug, erklärte ich, weitere Bemühungen seien nutzlos, und konstatierte dann offiziell den Tod des Königs und seines Arztes.«

Sie haben ihn in' See neigsteßn
Die Gerüchteküche

Bei der Bevölkerung, die am 14. Juni 1886 frühmorgens mit der Nachricht von der nächtlichen Tragödie aus dem Schlaf gerissen wurde, saß der Schock tief. Eigentlich war ja Pfingstmontag – ein hoher kirchlicher Festtag. Angesichts der Ereignisse stand jedoch niemandem der Sinn nach feierlicher Beschaulichkeit. »Die Straßen sind so belebt, wie es wohl an einem solchen trüben Regentage selten der Fall sein dürfte«, heißt es in einer Sonderausgabe der *Münchner Neuesten Nachrichten*. »Insbesondere drängen sich an dem Marienplatze große Scharen. Die Kirchen sind bis auf den letzten Platz gefüllt. Die Extrablätter der hiesigen Presse gehen von Haus zu Haus, die Kolporteure auf den Straßen sind dicht umdrängt.« Ähnliches berichtet Philipp zu Eulenburg: »Ich fand München am Nachmittag dieses denkwürdigen Tages in größter Aufregung. Die unheimlichsten und unglaublichsten Gerüchte durchschwirrten die Stadt. Graf Holnstein [der zum Kurator und Vormund Ludwigs II. bestellte Oberststallmeister] sollte sich das Leben genommen haben oder von einer wütenden Volksmenge gelyncht worden sein, die Königin-Mutter hätte der Schlag gerührt –, so ging es weiter in bunter Folge von Stunde zu Stunde.«

Zur Todesursache Ludwigs II. verlautete bereits am Morgen des 14. Juni 1886 von offizieller Seite, »der König habe sich in den Starnberger See gestürzt und sei mit Gudden ertrunken«. Für die Selbstmordtheorie spricht, dass Ludwig II. schon in Neuschwanstein an Suizid dachte. Kammerdiener Lorenz Mayr gab zu Protokoll, der König habe unmittelbar vor seiner Festnahme mit dem Gedanken gespielt, vom südlichen Treppenturm in

Stündlich neue Extrablätter – wie ist der König wirklich umgekommen?

die Pöllatschlucht zu springen, und – nachdem dieser Plan von Mayr erfolgreich durchkreuzt worden war – Zyankali verlangt. Schon zuvor sei der Gang ins Wasser ein Gesprächsthema gewesen. So habe Ludwig II. erklärt, »daß das Ertränken« im Gegensatz zu einem Sprung in die Tiefe »ein schöner Tod sei und nicht entstelle«.

Trotzdem wollten weite Kreise der Bevölkerung vom angeblichen Selbstmord ihres Königs im seichten Uferbereich des Starnberger Sees nichts wissen – zumal Ludwig II. als ausgezeichneter Schwimmer galt. Schien es nicht eher so, dass er bei einem missglückten Fluchtversuch ums Leben gekommen war? Auf den Straßen jedenfalls erzählte man sich nach dem Zeugnis von Helene Raff, Ludwig II. habe nicht sterben wollen, sondern »fliehen und um sein Recht kämpfen! Die Tiroler, die von seinen häufigen Fahrten übern Fernpaß her für ihn schwärmten, hätten zu den Waffen gegriffen für ihn, und jeder Bayer hätte das erst recht getan.«

Dass dem König von mehreren Seiten zur Flucht geraten wurde, steht außer Frage. So berichtet Alfred Eckbrecht von Dürckheim-Montmartin, der letzte Flügeladjutant, er sei noch in der Nacht vom 9. auf den 10. Juni 1886 von Ludwig II. nach Neuschwanstein beordert und gefragt worden, was angesichts der drohenden Absetzung zu tun sei. »Ich machte ihm den Vorschlag, sofort anspannen zu lassen und mit mir nach München zu fahren, um sich dem Volke zu zeigen; alles würde ihm zujubeln. Der König aber erklärte, daß er müde sei, daß die Luft in der Stadt ihm nicht bekäme – kurz, er wich meinen Vorschlägen aus. Ich sagte dem König, wenn er nicht nach München fahren könne, so möchte er anspannen lassen und sich mit mir über die Grenze nach Tirol begeben. In einer Stunde sei er frei. Der König antwortete auch auf diesen Vorschlag ausweichend: ›Ich kann jetzt nicht fahren; was soll ich in Tirol machen?‹« Gegenüber der Öffentlichkeit erklärte Dürckheim: »Der König hatte meine Hilfe und meinen Rat verlangt, ich schlug ihm das Einfachste und durchaus Mögliche vor – aber er war nicht imstande, darauf einzugehen. Es waren fürchterliche Momente. Endlich reiste ich ab, ich sah, daß nichts zu machen war.«

In Wirklichkeit soll Dürckheim die Flucht des Königs minuziös vorbereitet und Kaiserin Elisabeth von Österreich telegraphisch um Hilfe gebeten haben. Auch Eulenburg berichtet, »daß schon in der Nacht, als der König von [Neu-]Schwanstein nach Berg transportiert wurde, Komplotte zu seiner Befreiung geschmiedet worden sind«, und zwar in erster Linie von

»der Kaiserin von Österreich«. Tatsächlich weilte die berühmte Sisi in den Tagen der »Königskatastrophe« zur Sommerfrische in Feldafing am Starnberger See. Sie kannte den acht Jahre jüngeren Ludwig II. noch aus gemeinsamen Kinder- und Jugendjahren. Als Cousin und Großcousine oder Neffe und Tante zweiten Grades verband die zwei »Königskinder« nicht nur ihre Abstammung aus dem bayerischen Herrscherhaus der Wittelsbacher, sondern auch eine erstaunliche Wesensähnlichkeit: Beiden war es eine Last, Audienzen zu erteilen, mit der offiziellen Welt zu verkehren, sich der Hofetikette zu unterwerfen. In der weiten Welt der Literatur fühlten sie sich eher zu Hause als in ihrer ungeliebten, jeweils als einengend empfundenen Lebenswirklichkeit.

Hat Elisabeth ihrem Cousin in den dramatischen Junitagen des Jahres 1886 wirklich ihre Unterstützung angeboten? Eine persönliche Antwort der Kaiserin auf diese Frage ist nicht überliefert, wohl aber eine poetische Reflexion aus ihrer Feder:

> *Ja, ich war ein Märchenkönig,*
> *Sass auf hohem Felsenthrone,*
> *Schlanke Lilie war mein Scepter,*
> *Funkelnd' Sterne meine Krone ...*
>
> *Doch das feige Hofgesinde*
> *Und die Blutsverwandten spannen*
> *Tückisch, heimlich ihre Netze,*
> *Und auf meinen Sturz sie sannen ...*

Es gibt keine historischen Dokumente, die nahelegen, Sisi sei auf eine wie auch immer geartete Weise in die Sache verwickelt gewesen. Trotzdem werden die geheimnisvollen Wagenspuren, die man in der Todesnacht Ludwigs II. vor dem Tor des Schlossparks von Berg entdeckt hat, immer wieder mit ihr in Verbindung gebracht. Stammen sie von einer Kutsche, die Eugen von Beck-Peccoz, Schlossherr im nahen Eurasburg, auf Vermittlung Elisabeths für die Flucht des Königs bereitgestellt hatte? Falls ja, hätte Ludwig II. die Kutsche erreichen können, wenn es ihm gelungen wäre, das Tor zu überwinden oder um den Zaun, der bis ans Wasser reichte, herumzuschwimmen? Sollten ihm dabei die Besatzungen jener Ruderbote behilflich sein, die am 13. Juni 1886 schon seit dem Vormittag »nah am Ufer und ungeachtet der unausgesetzten Regengüsse« kreuzten und vom Gendarm Johann Lauterbach beobachtet wurden, wie sie noch »zwischen 7¾ bis 8 Uhr« abends »den Park entlang gegen Leoni« fuhren? Jedenfalls zog man den Leichnam Ludwigs II. später genau in diesem Bereich aus dem See. Und sprach nicht auch die Tatsache, dass der König Mantel, Jackett und Hut am Ufer zurückgelassen hatte, bevor er ins Wasser ging, gegen einen Selbstmord? Zumindest die Einheimischen waren nach dem Zeugnis von Max Weiß, dem Sohn des damaligen Schlossgärtners, davon überzeugt, dass Ludwig II. fliehen wollte – und dass sein Tod »wegen des kalten Wassers durch Herzschlag eingetreten« sei.

Über die wahre Todesursache des Königs kursieren allerdings auch andere Gerüchte. Sie knüpfen an unbestätigte Berichte an, wonach man sich am Nachmittag des 13. Juni 1886 im Wirtshaus von Leoni erzählte, Ludwig II. wolle noch am Abend fliehen – entweder, um sich nach Tirol abzusetzen, oder um sich am nächsten Morgen in München der Bevölkerung zu zeigen, vermutlich in der Absicht, die Klarheit seines Geistes unter Beweis zu stellen und die Regierungsgewalt zurückzufordern. Gudden, so verlautete, habe von den Plänen Wind bekommen. Hat Gudden auch die Minister informiert und gemeinsam mit ihnen Vorsorge getroffen, eine für alle Beteiligten höchst blamable Flucht Ludwigs II. unter Anwendung von Gewalt zu vereiteln?

Der große bayerische Historiker Karl Bosl gab dieser Vermutung Nahrung, als er 1974 erklärte, »Tod und Entmündigung König Ludwigs II.« seien »von einer anonymen Ministeroligarchie beschlossen« worden. Tatsächlich war nach dem Bericht von Helene Raff schon am 14. Juni 1886 von Mord die Rede. Noch heute diskutieren weiß-blaue Boulevardblätter regelmäßig die Frage, ob Ludwig II. erschossen wurde.

Als Quelle wird in der Regel der königliche Leibfischer Jakob Lidl herangezogen. Er soll Augenzeuge des angeblichen Staatsverbrechens gewesen sein. Das ominöse schwarze Schulheft mit seinen Aufzeichnungen gilt zwar als verschollen. Dafür macht die mündliche Überlieferung seiner Version die Runde. Danach hatte Lidl den Auftrag, mit seinem Kahn nicht allzu weit vom Ufer entfernt auf den König zu warten. Lidl sollte ihn ins Boot holen und in die Mitte des Sees rudern. Dort, so hieß es, würde Ludwig II. von »bewaffneten Gebirglern« in Empfang genommen und zu ei-

Klarheit? Es bleibt zu befürchten, dass die näheren Umstände auch in Zukunft ein Geheimnis bleiben werden

nem von vier möglichen Landepunkten gebracht, um seine Flucht in einer der bereitgestellten Kutschen fortzusetzen. Dazu sei es aber nicht gekommen, da der König just in jenem Moment, in dem er den Kahn erreichte, von zwei Schüssen tödlich getroffen zusammensackte. Darauf sei Lidl in Todesangst zu seinem Haus am Seeufer zurückgerudert und habe sich schluchzend ins Bett verkrochen.

Der in Starnberg praktizierende Arzt und königliche Hofrat Rudolf Magg bestätigte den Bericht Lidls angeblich auf dem Sterbebett. Als Leichenbeschauer des Königs seien ihm »furchtbare Schußwunden in Ludwigs Rücken« aufgefallen, von denen er auf Befehl des Justizministeriums nichts habe erzählen dürfen.

Auch Mitglieder des Hauses Wittelsbach äußerten sich in dieser Richtung. Prinz Joseph Clemens von Bayern erklärte 1986 gegenüber *Bild*, König Ludwig II. sei von zwei Kugeln getroffen worden. Mit der dritten habe man Gudden, den lästigen Zeugen, umgebracht. Prinz Konstantin und Prinzessin Pilar gaben an, den Mantel mit den Einschusslöchern in Schloss Nymphenburg gesehen zu haben. Und Oskar Maria Graf erzählt in seiner 1940 erschienenen Familienchronik *Das Leben meiner Mutter*, dass zwei Tage vor der Königskatastrophe eine Gendarmerieabteilung in Berg von Haus zu Haus gegangen sei und ein nächtliches Ausgangsverbot verhängt habe. Auch bei Tag durfte laut Graf »niemand sich in der Nähe der Schlossmauern oder am Parkzaun sehen lassen«. Sollte die Bevölkerung auf diese Weise gehindert werden, Ludwig II. bei einer eventuellen Flucht zu helfen? Oder wollte man keine Zeugen haben – für den Fall, dass sich das Äußerste nicht vermeiden ließe? Als ruchbar wurde, dass angeblich kurz nach der Tragödie das Badehaus des Königs abgetragen wurde, stellten sich neue Fragen. Sollten damit jene Blutspuren verwischt werden, die die Schusswunden Ludwigs hinterlassen hatten, als man seine Leiche an dieser Stelle abwusch und neu ankleidete, um die Verletzungen zu kaschieren und einen Ertrinkungstod vorzutäuschen?

Außerdem hieß es, mehrere jener Gendarmen und Hofbediensteten, die die »Königskatastrophe« miterlebt hätten, seien in eine Irrenanstalt gesperrt worden (etwa die beiden Schloßdiener Hartinger und Schuster), auf mysteriöse Weise umgekommen (wie der Küchengehilfe Gumbiller, der angeblich tot aus der Isar gefischt wurde) oder mit hohen Summen zum Stillschweigen verpflichtet worden (wie ein unbenannter Gendarm, der sich mit dem Geld eine neue Existenz in Amerika aufgebaut haben soll). Merkwürdig bleibt auch: Der König wurde zwar am Vormittag des 15. Juni 1886 im sogenannten Marterzimmer der Münchner Residenz von einem Kollegium hochangesehener Mediziner seziert. Das Obduktionsprotokoll nennt aber keine Todesursache.

Vieles spricht dafür, dass auch Kaiserin Elisabeth von Österreich an der offiziellen Darstellung zweifelte, Ludwig II. sei freiwillig ins Wasser gegangen. Zur Totenklage eilte sie nach einem Bericht des *Berliner Tageblatts* von ihrem Urlaubsdomizil Feldafing am gegenüberliegenden Ufer nach Berg, wo der König vor seiner Überführung nach München aufgebahrt war. Eigenhändig soll sie den Leichnam gewaschen und ihm ein selbstgepflücktes Jasminsträußchen auf die Brust gelegt haben, um anschließend in Ohnmacht zu fallen. Als sie die Augen wieder aufschlug, verlangte sie laut dem Zeitungsbericht kategorisch, »man möge den König aus der Kapelle holen – er sei gar nicht todt, sondern stelle sich nur so, um vor der Welt und den unausstehlichen Menschen für immer Ruhe zu bekommen«.

Tatsächlich neigte Sisi zu einer gewissen Mystifizierung, die unter anderem dazu führte, dass sie in späteren Jahren häufig erzählte, der tote Ludwig sei ihr erschienen und habe mit ihr geredet. In den Tagen nach der »Königskatastrophe« wirkte sie jedenfalls völlig verstört und war kaum ansprechbar. Ihre Nichte Amelie schrieb von Sisis »wirrem Blick« und ihrem »trübsinnigen aufgeregten Ausdruck«. Als Elisabeth ihre Sprache wiederfand, griff sie zur Feder, um mit poetischer Verve über Prinzregent Luitpold herzuziehen, der immerhin der Sohn ihres Onkels und damit ein Cousin ersten Grades war:

> *Seht den heuchlerischen Alten!*
> *Drückt ihn sein Gewissen nicht?*
> *Thut so fromm die Hände falten,*
> *Sauersüss ist sein Gesicht.*
>
> *Wie sein langer Bocksbart wackelt!*
> *Falsch're Augen sah man nie;*
> *Ist sein Hirn auch ganz vernagelt,*
> *Steckt es doch voll Perfidie.*
>
> *Seinen Neffen, seinen König*
> *Stiess der tückisch von dem Thron;*
> *Doch dies ist ihm noch zu wenig,*
> *Säh' sich dort gern selber schon ...*

Es steht außer Frage, dass Elisabeth mit diesen Zeilen die damalige bayerische Volksmeinung wiedergibt. Luitpold hatte jegliche Sympathie verspielt. Nach dem Zeugnis Eulenburgs wurde er sogar als »Königsmörder« beschimpft. Insofern wundert es nicht, dass er bei seiner ersten Ausfahrt als Prinzregent nur mit Mühe der aufgebrachten Menge entkam, die seiner Kutsche Pflastersteine hinterherwarf. Noch Thomas Mann ereiferte sich über Luitpolds Vorgehen und lässt einen seiner Protagonisten in *Doktor Faustus* sagen, er halte die Entthronung und Entmündigung Ludwigs II. »für ungerechtfertigt und für eine brutale Philisterei, wie übrigens auch für ein Werk der Politik und des sukzessorischen Interesses«.

Tatsächlich sollte die bayerische Königskrone aufgrund der Ereignisse letztendlich auf Luitpolds Sohn übergehen. Der unverheiratete und kinderlose Ludwig II. hatte zwar einen Bruder namens Otto, der ihm nominell als König nachfolgte. Doch Otto – ebenfalls unverheiratet und kinderlos – galt seit 1872 offiziell als geisteskrank. Die Proklamation über seine Thronbesteigung, die ihm nach dem Tod des Bruders verlesen wurde, begriff er nicht. Deshalb übte Luitpold – nolens volens – nun auch für Otto die Regentschaft aus. Die Königskrone zu übernehmen war ihm laut der Verfassung, nach der ein König zeitlebens König blieb, verboten. Luitpold amtierte bis zu seinem Tode – er starb mit einundneunzig Jahren – als Prinzregent.

Trotzdem herrschte in München nach dem Tod Ludwigs II. eine Art Ausnahmezustand. Das bestätigt auch Helene Raff: »Drei Tage lang stand das gesamte Militär in Bereitschaft, kamen die Einjährig-Freiwilligen nicht aus den Kasernen. Denn jeden Augenblick war mit dem Ausbruch eines Bürgerkriegs zu rechnen.« Dazu kam es dann aber doch nicht, wie Eulenburg berichtet: »Als Abschluß des Dramas hatten die Truppen dem neuen König Otto ohne Widerspruch den Eid geleistet – und Bayern hatte einen neuen, hoffnungslos wahnsinnigen König, der auf die Anrede ›Majestät‹ in blödes Lachen ausbrach und läppische Fragen stellte, um sie wieder zu hören. Wahrhaftig, ein Shakespeare hätte keinen groteskeren, schauerlicheren Abschluß für ein Königsdrama in seiner Dichterphantasie erfinden können.« Damit war Luitpold allerdings noch nicht aus der Schusslinie. Er konnte sich lediglich trösten, dass er nicht als Einziger bezichtigt wurde, Ludwig II. auf dem Gewissen zu haben.

Auch Otto von Bismarck, der damalige Kanzler des Deutschen Kaiserreichs, stand in Verdacht, am Tod des bayerischen Königs schuld zu sein. Es hieß, er habe Scharfschützen des preußischen Geheimdienstes beauftragt, Ludwig II. zu beseitigen. Eine andere Version spricht davon, preußische Agenten hätten dem bayerischen König im Auftrag des »Eisernen

Explosive Stimmung – die Armee greift ein;
man befürchtet einen Aufstand

Kanzlers« zunächst vorgegaukelt, ihm die Flucht ermöglichen zu wollen, ihn dann aber chloroformiert und im See ertränkt. Darauf nimmt eine der vielen Fassungen des *König-Ludwig-Lieds* Bezug. Es wurde zwar sofort verboten. Trotzdem zählte es in den Jahren nach der »Königskatastrophe« zu den beliebtesten und meistgesungenen Gassenhauern in Bayern:

> *... Nach Schloß Berg ham s' dich gefahren*
> *in der letzten Lebensnacht,*
> *da wurdest du zum Tod verurteilt,*
> *noch in derselben grauen Nacht.*

Dr. Gudden und der Bismarck,
den man auch den falschen Kanzler nennt,
haben s' ihn in' See neigsteßn,
indem sie ihn von hinten angerennt!

Feiger Kanzler, deine Schande
bringet dir ganz gwiß kein Ehrenpreis,
denn du kämpftest nicht im offnen Kampfe,
wie der Rippenstoß von hinten her beweist …

Zugegeben, der Duktus holpert. »Wenn das Talent versagt, dann schmiedet Entrüstung die Verse«, spottete denn auch ein Kritiker. Die Entrüstung war freilich echt. Weite Kreise der Bevölkerung zweifelten nicht nur am Selbstmord Ludwigs II., sondern bereits an seiner angeblichen »Verrücktheit«. Es lag zwar ein Gutachten vor, das dem König attestierte, »in sehr weit fortgeschrittenem Grade seelengestört« zu sein und an »Paranoia« zu leiden, weshalb nichts anderes übrigbleibe, als »Seine Majestät für unheilbar zu erklären« und in der Folge »als verhindert an der Ausübung der Regierung zu betrachten«. Es gibt jedoch Anlass zu der Annahme, dass dieses Gutachten getürkt war. Denn keiner der vier Irrenärzte, die das Gutachten unterzeichneten, hatte Ludwig II. je gesehen, geschweige denn untersucht.

Ein solches Vorgehen ist selbst aus damaliger Sicht ungewöhnlich und medizinisch unverantwortlich. Gudden konterte, die Krankheit des Königs sei schon durch eidliche Zeugenaussagen und beweiskräftiges Dokumentationsmaterial eindeutig belegt. Allerdings blieb die Zahl der Zeugen, die sich zur Verfügung stellten, ziemlich überschaubar. Darüber mokierte sich nicht nur Gottfried von Böhm. Danach sah sich Gudden bei der Abfassung des Gutachtens »auf die Zeugenschaft der Kabinetts- und Hofsekretäre und von Hofbediensteten untergeordneten Ranges angewiesen. Allein – auch in diesem Kreis waren nicht alle bereit und tauglich, Zeugnis gegen einen Herrn abzulegen, der ihnen so nahegestanden war.« Dennoch gaben sechs ehemalige Untergebene des Königs belastende Aussagen über das »Allerhöchste Verhalten« zu Protokoll. Ob bei dieser Gelegenheit persönliche Rechnungen mit dem für seinen Eigensinn bekannten und berüchtigten Monarchen beglichen wurden – danach fragte Gudden offenbar nicht.

Die letzten Augenblicke – welche Rolle spielte Dr. Gudden?

Ebenso blieb unberücksichtigt, dass der König nach Augenzeugenberichten, die keinen Eingang ins Gutachten fanden, noch kurz vor seiner Verhaftung jedes Anzeichen geistiger Verwirrung vermissen ließ. So erklärte Max Schleiß von Löwenfeld, der Leibchirurg Ludwigs II., wenige Tage vor dem Tod des Königs in einem Interview mit einem Wiener Journalisten: »Seit vierzig Jahren, seit seiner Geburt, kenne ich den König. Nur ich und Dr. Gietl waren seine Ärzte, und wir beide stimmen in der Anschauung überein, daß der König nicht geisteskrank ist: Der König hat bloß seine Eigentümlichkeiten, er ist verschwenderisch und bis zum Exzeß gutherzig; seine Leidenschaft ist die Baulust und das Interesse an den schönen Künsten. Schuldtragend an dem, was man Exzentrizitäten nennt, sind die Personen, welche leider seit vielen Jahren seine Umgebung bilden; diese feigen, egoistischen und verlogenen Bedientenseelen haben den König in allen seinen Wünschen stets nur noch bestärkt, sie hetzten ihn förmlich in die leidenschaftliche Bethätigung seiner Passionen hinein. Doch derlei kann man noch nicht ›Verrücktheit‹ nennen«. Der Leibchirurg, so heißt es weiter, »habe sich auf das Zeugnis von Künstlern, Architekten u. s. w. berufen, die des Königs feinen Geschmack, sein Kunstverständnis, seine Urteilskraft bezeugen sollten, und dann die Ansicht ausgesprochen, daß die getroffenen Maßregeln geeignet seien, den König erst irrsinnig zu machen.«

Selbst Bismarck bekannte in seiner 1890 niedergeschriebenen Autobiographie mit dem Titel *Gedanken und Erinnerungen*, er sei mit Ludwig II. bis zu dessen Lebensende »in verhältnismäßig regem brieflichem Verkehre geblieben und habe dabei jederzeit von ihm den Eindruck eines geschäftlich klaren Regenten gehabt«. Vor diesem Hintergrund lässt sich der Vorwurf, das Gutachten sei auf der einseitigen Basis von zweifelhaften Zeugenaussagen und ausschließlich negativen Befunden entstanden, kaum entkräften.

Zur methodischen Kritik am Gutachten kommen die merkwürdigen Umstände, unter denen das Papier entstanden ist. Bernhard von Gudden verfasste es im Auftrag des bayerischen Ministerratsvorsitzenden Johannes von Lutz, der in jenem Moment um seine berufliche Zukunft bangen musste. Denn Ludwig II. hatte ihm und dem Kabinett kurz zuvor mit Entlassung gedroht – weil sich die Minister weigerten, dem König für den Weiterbau seiner Schlösser einen Kredit zu gewähren. Für die Minister ging es also ums Überleben. Dachten sie deshalb laut über die Regierungsfähig-

In der Gruft der Münchner Michaelskirche – ist der Sarg leer?

keit des eigensinnigen Monarchen nach, um dann Guddens vernichtendes Gutachten nachzuschieben, auf dessen Grundlage der König tatsächlich abgesetzt und entmündigt wurde? Jedenfalls tauchte schon damals der Verdacht auf, es handle sich um ein Gefälligkeitsgutachten, mit dessen Hilfe Ludwig II. aus dem Weg geräumt werden sollte. Wenn dem so wäre, träfe womöglich jener Vorwurf zu, der bis heute virulent ist – nämlich dass die Entthronung des Königs nichts anderes war als ein kaum kaschierter Staatsstreich.

Die wilden Spekulationen über die wahren Hintergründe von Absetzung, Entmündigung und Tod Ludwigs II. gehen Hand in Hand mit zum Teil abenteuerlich klingenden Vermutungen, wo sich die Leiche des Königs heute befindet. Liegt sie wirklich in jenem Sarg, der seit der Beisetzung am 19. Juni 1886 in der Gruft der Münchner Michaelskirche steht und zu einem Wallfahrtsort aller Ludwigverehrer geworden ist? Oder stimmt es, dass höchstens eine Wachspuppe zum Vorschein käme, wenn man den Sarg öffnen würde – wie »Die Guglmänner Seiner Majestät König Ludwigs II.« behaupten, ominöse Geheimbündler, die aber immerhin eine eigene Homepage betreiben. Falls die Guglmänner recht haben sollten – wo ist die Allerhöchste Leiche dann abgeblieben? Wurde sie noch in der Todesnacht eilig im Ufersand des Starnberger Sees verscharrt, um eine kriminalistische Untersuchung und Aufklärung der wahren Todesumstände zu verunmöglichen? Oder fände man sie tatsächlich, wie es heißt, in einem oberbayerischen Kloster eingemauert? Andechs, das einst von einem Wittelsbacher gegründet wurde und heute den Familienfriedhof der ehemaligen bayerischen Herrscherdynastie beherbergt, gälte in diesem Fall als erste Adresse – zumal der frühere Prior auf die Frage, ob die Leiche Ludwigs II. wirklich auf dem Heiligen Berg zu finden sei, mit sibyllinischem Lächeln meinte, einen Teufel werde er tun und dieses dementieren.

Stimmen von heute: Ludwig II., ein Mordopfer?

Die Guglmänner führen sich auf die »Lader-Innung« zurück – auf jene Zunft, die alle Arten von Lasten transportierte und die Särge mit den Verstorbenen zum Friedhof brachte. In Zeiten der Pest versuchten sich »die Lader« mit langen Kutten und Kapuzen mit Sehschlitzen vor der Ansteckung zu schützen. Später erhielten sie das Privileg, fürstliche Leichenzüge als leibhaftige Symbole des Todes zu begleiten. Heute verbergen sich unter der gespenstisch schwarzen Kluft Angehörige aller möglichen Berufsgruppen – vom Friseur bis zum Professor. Inzwischen gibt es bei den Guglmännern auch Frauen. Zum Wesen des Geheimbundes gehört, dass niemand seinen Namen nennt. Selbst die Auskunft zur Zahl der Mitglieder bleibt im Ungefähren. Sie liege »im dreistelligen Bereich«.

Warum beschäftigen sich die Guglmänner so leidenschaftlich mit Ludwig II.?

Wir sehen in König Ludwig II. ein Vorbild. Außerdem ist er eine vielschichtige, spannende Persönlichkeit. Das macht es auch so schwer, ihn einzuordnen. Deshalb wird er immer wieder einseitig als Spinner und Phantast dargestellt. Und dann ist er natürlich überzuckert worden mit diesem Märchenkönig-Image, damit man ja nicht nachfragt, was in der Nacht seines Todes wirklich geschehen ist.

Herzog Franz von Bayern, der Chef des Hauses Wittelsbach, sagt, er möchte den Mythos Mythos sein lassen. Würde die Faszination des Märchenkönigs leiden, wenn man den Sarg öffnen würde?

Nein, im Gegenteil. Die wäre sogar noch größer! Es gibt ja mehrere Szenarien. Szenario 1: Der Sarg ist leer, Ludwig II. liegt gar nicht drin. Das wäre natürlich die allergrößte Überraschung. Man müsste fragen: Wo liegt er denn dann? Und warum ist er nicht in diesen wunderbaren Sarkophag gebettet? Und müsste nicht irgendwer davon gewusst haben? Szenario 2: Ludwig II. liegt in seinem Sarg, an seiner Leiche sind Schussverletzungen nachzuweisen. Daraus könnte man natürlich erhebliche Rückschlüsse ziehen. Wenn man bedenkt, was man heute noch über die Pharaonen, die vor Tausenden von Jahren gelebt haben, anhand ihrer Mumien herausfinden kann, dann müsste man bei König Ludwig II. sehr wohl rekonstruieren können, wie seine letzten Tage ausgesehen haben – vielleicht sogar, wie er zu Tode gekommen ist.

Und wenn tatsächlich herauskäme: Ludwig ist erschossen worden?

Das wäre ein Skandal ersten Ranges. Denn dass ein amtierender König erschossen wird, das kennt man nur von totalitären Regimen. Bayern aber war kein totalitärer Staat. Andererseits gibt es viele Indizien, die dafürsprechen, dass Ludwig II. gewaltsam ums Leben gekommen ist. Es ist auch verdächtig, dass sich das Haus Wittelsbach so hartleibig gegen eine Untersuchung des Sarkophags stellt. Das Argument, die Totenruhe dürfe nicht gestört werden, ist ein Scheinargument – vor allem, wenn man bedenkt, dass nicht einmal die katholische Kirche davor zurückschreckt, die zur Ehre der Altäre erhobenen Heiligen und Seligen zu exhumieren. Das passiert jetzt ja auch mit dem Leichnam von Papst Johannes Paul II. Dagegen ist nichts einzuwenden, solange es in würdiger Weise geschieht.

Sire, einzig wahrer König dieses Säkulums
Die Verklärung

Über all den Fragen, wie der König gestorben ist und wo er begraben liegt, wird eines vergessen: Ludwig II. lebt. Nach Umfragen ist er die populärste Gestalt der bayerischen Geschichte. Wer in weiß-blauen Gefilden vom »Kini« spricht, meint keinen der vier anderen Könige, die Bayern zwischen 1806 und 1918 regierten – weder Max I. Joseph, den Urgroßvater, noch Ludwig I., den Großvater, auch nicht Maximilian II., den Vater, geschweige denn Ludwig III., den gleichaltrigen, ungeliebten und stets konkurrierenden Cousin. Nein. Als »Kini« gilt ausschließlich Ludwig II. Außerdem wird er gelegentlich als »der letzte bayerische König« gefeiert. Das stimmt zwar nicht, weil sich sein gleichnamiger Cousin erst 1913 zum König ausrufen ließ. Doch diesem Ludwig III. blieb schon wegen seiner rustikalen Ausstrahlung, seinem schlecht gewickelten Regenschirm und seinen Ziehharmonikahosen die Sympathie der bayerischen Landeskinder versagt. Deswegen ist Ludwig III. auch nicht als der letzte König Bayerns in die Geschichte eingegangen, sondern als »der Allerletzte«.

Auch international zählt Ludwig II. zur A-Prominenz. In den USA belegt er Platz zwei auf der Rangliste der meistgekannten Deutschen. Sein Konterfei kennt man in Sydney genauso wie in Tokio. Gelegentlich findet man ihn sogar in der Riege der großen Weltklasse-Stars. Als »königlicher Adonis von berückender Schönheit« und Sexsymbol des neunzehnten Jahrhunderts ist er für manche Kommentatoren ein frühes männliches Pendant zu Marilyn Monroe, als jugendliches Staatsoberhaupt mit Charisma und Glamour-Faktor ein Vorläufer von John F. Kennedy.

Liebe geht durch den Magen – Cosa Rara speist von der königlichen Tafel
(Friedrich Wilhelm Pfeiffer, 1869)

Das Magazin der *Süddeutschen Zeitung* verglich ihn mit Michael Jackson: Beide erblickten das Licht der Welt im Sternzeichen Jungfrau, beide hatten eine harte Kindheit, beide verehrten den französischen Sonnenkönig. Beide galten als Diven, und »bei beiden fasziniert das Androgyne, das Geschick, männlich zu sein und gleichzeitig weiblich«. Michael Jackson verbarg sich in »Neverland« vor der Öffentlichkeit, liebte seinen Schimpansen Bubbles, fütterte ihn mit Pizza und Eis und versuchte ihm den Moonwalk beizubringen. Ludwig II. verbrachte den größeren Teil seiner Regierungszeit auf einsam gelegenen Berghütten und ließ seine Lieblingspferde, die teilweise auch in seinem Tagebuch Erwähnung finden, einzeln porträtieren – darunter die Apfelschimmelstute Cosa Rara, wie sie vor alpiner Kulisse von der königlichen, unter freiem Himmel aufgebauten Tafel nascht. Selbst bei den Frauen, die dem König und dem »King of Pop« am nächsten standen, gibt es eine überraschende Parallele: Sie hießen beide

Elisabeth – hier die berühmte Sisi, dort die gefeierte Liz Taylor. Eine weitere Übereinstimmung zwischen Ludwig II. und unvergessenen Ikonen wie Marilyn Monroe, John F. Kennedy, Michael Jackson, James Dean oder Elvis Presley ist der vergleichsweise frühe, plötzliche und von Verschwörungstheorien umrankte Tod.

Der Vergleich mit dem spektakulären Ende von Lady Di fällt besonders ins Auge: Von den Mutmaßungen über die angeblichen Hintergründe ihres Autounfalls im Tunnel unter der Place de l'Alma in Paris bis hin zu den verheerenden Folgen des Ereignisses für das Ansehen des britischen Königshauses gibt es zahlreiche Berührungspunkte mit Ludwig II. Vor allem eines ist beiden gemeinsam: die rasche Verklärung. Lady Di erhielt den Beinamen »Königin der Herzen«, den im siebzehnten Jahrhundert bereits Elisabeth Stuart, die Frau des Winterkönigs, getragen hatte. Und Ludwig II. avancierte zum »Märchenkönig«.

Angeblich war er schon zu Lebzeiten dann und wann so bezeichnet worden – allerdings in abwertendem Sinne, als Träumer, Spinner, Weltverächter. Jetzt aber bekam der Begriff einen anderen, einen verheißungsvollen Klang. Das ist in erster Linie wohl der Kaiserin von Österreich zu verdanken: Sie griff den »Märchenkönig« kurz nach dem Tod Ludwigs II. in einem ihrer Gedichte auf, überhöhte sein Bild zu dem eines edlen, selbstbestimmten und phantasiebegabten Herrschers und setzte ihm die Missgunst und Niedrigkeit des schlichten Gemüts entgegen. Allerdings bleibt festzuhalten: Ludwig II. hat mit seinen Bauprojekten ja auch wirklich märchenhafte Welten geschaffen. Nicht zufällig zählen seine Schlösser Herrenchiemsee, Linderhof und Neuschwanstein zu den touristischen Höhepunkten Europas. Allein Neuschwanstein, die bleich schimmernde »Gralsburg« Ludwigs II., zieht jedes Jahr über eine Million Besucher aus aller Herren Länder an und diente nicht nur als Vorbild für Walt Disneys Cinderella Castle, sondern wurde auch von Andy Warhol als grellfarbiger, ikonengleicher Siebdruck verewigt.

Der Run auf die Schlösser, die zu Lebzeiten Ludwigs II. nicht nur der Öffentlichkeit, sondern auch einem Großteil der Hofbeamten, der Regierungs- und Familienmitglieder versperrt geblieben waren, setzte schon sieben Wochen nach der »Königskatastrophe« ein. Am 1. August 1886, einem Sonntag, wurden sie für das Publikum geöffnet. Einem Gerücht nach wollte Ludwig II. seine Schlösser im Fall seines Todes gesprengt wissen, damit sie nicht durch »plebejische Neugier« entweiht und besudelt würden. Sollte es diesen Befehl je gegeben haben – er wurde nicht befolgt. Auch die düstere Prognose des *Bayerischen Vaterlands* vom 18. Juni 1886, wonach die Schlösser »schon heute dem Verfall bestimmt« seien, sollte sich nicht bewahrheiten. Mancherorts war ihre Bausubstanz tatsächlich früh angegriffen. So konnte man 1887 über Herrenchiemsee lesen: »Leider ist – hervorgerufen durch die sumpfige Umgebung – bereits der Schwamm in den unteren Räumen des Schlosses zerstörend thätig gewesen, und Sachverständige behaupten, daß er in spätestens zehn Jahren das Ganze überwuchert haben wird. Und wie lange kann es dann währen, bis der Marmor verwittert und die Quadern sich lockern und der unvollendete Prachtbau, wie Dornröschens Zauberschloss von grünendem Gerank umsponnen, nur noch eine großartige Ruine bildet?« So weit ließ man es aber nicht kommen. Regierung und Dynastie hatten längst erkannt, dass den drei »Königsschlössern« mindestens das Potenzial dreier Goldgruben innewohnte. Denn es lag auf der Hand, dass die Bevölkerung endlich jene verschwiegenen Refugien sehen wollte, in denen der geheimnisvolle und unnahbare Monarch seine schlaflosen Nächte durchwacht hatte. Mit dem Erlös der Eintrittskarten hoffte man, einen Teil jener rund vierzehn Millionen Mark Schulden abtragen zu können, die der König als Bauherr angehäuft hatte.

Man dachte sogar daran, die noch unvollendeten Raumfolgen von Herrenchiemsee und Neuschwanstein fertigzustellen. Letztlich kam man von diesem Plan allerdings wieder ab. In einem schweizerischen Reiseführer mit dem Titel *München und die Königsschlösser*, der 1887 schon in zweiter Auflage erschien, heißt es hierzu: »So werden denn die Schlösser großartige Torsen bleiben, hehre Monumente zum Gedenken an den bemitleidenswerthesten aller Könige, aber auch in dieser unvollkommenen Gestalt auf Jahre hinaus der Zielpunkt tausender und abertausender von Besuchern sein, welche in der Bewunderung des so überreich zur Schau gestellten Herrlichen und Grossen hohe Befriedigung suchen und sich durch die theils idyllische, theils erhabene landschaftliche Pracht der Umgebung entzücken lassen wollen.« Tatsächlich übertraf der Andrang alle Erwartungen – und das, obwohl die Besucher tief in die Tasche greifen mussten. In Linderhof beispielsweise kostete der Eintritt pro Person stolze drei Mark – nach heutiger Kaufkraft knapp dreißig Euro. Für den Zugang zur Grotte waren noch einmal zwei Mark zu berappen. Dafür konn-

Walt Disney präsentiert Cinderella Castle – das Vorbild ist Schloss Neuschwanstein

te man sie »in verschiedenen Farben« elektrisch beleuchtet erleben, »wenn 12 Eintrittskarten gelöst werden«, und außerdem »täglich Mittags 12 und Abends 5 ½ Uhr die Wasser springen« sehen.

Schon die erste Öffnungsperiode, die laut Winfried Ranke vom 1. August bis zum 30. September 1886 dauerte, spülte über 114 000 Mark in die Kassen – und 1887 wandelten nach einem Bericht der *Illustrirten Zeitung* bereits sechzigtausend »Schaulustige« durch Herrenchiemsee. Angesichts solcher Zahlen kann man Thomas Manns *Doktor Faustus* eigentlich nur zustimmen. Dort heißt es auf die Vorhaltung, Ludwig II. sei mit seiner Verschwendungssucht nicht länger tragbar gewesen: »Ei, alles Unsinn. Das Bayernland wäre nicht zugrunde gegangen. Das Geld sei ja im Lande geblieben und von den Märchenbauten seien Steinmetzen und Vergolder fett geworden. Überdies hätten die Schlösser sich, durch die Eintrittsgelder, die man der romantischen Neugier abnähme, längst über und über bezahlt gemacht.« Insofern sei die angebliche »Verrücktheit« Ludwigs II. längst »zum guten Geschäft« geworden.

Ludwigs Gralsburg, ikonengleich – Andy Warhol huldigt
dem Märchenkönig (*Neuschwanstein*, 1987)

Selbst der Eisenbahnbau profitierte vom Märchenkönig. 1886 waren Touristen, die von München nach Neuschwanstein reisen wollten, noch auf den Zweispänner angewiesen. Die Fahrt dauerte hin und zurück mindestens zwei Tage und kostete für drei bis vier Personen fünfzig Mark. »Große Koffer« schlugen mit weiteren fünf Mark zu Buche – nicht inbegriffen der eineinviertelstündige Rundgang durchs Schloss, angeleitet von Herrn Sauer, laut Reiseführer ein »gefälliger und kunstverständiger Mann«. Schon drei Jahre später jedoch konnte man bequem in den Zug einsteigen und von der königlichen Haupt- und Residenzstadt bis nach Füssen fahren. Damit war man fast schon am Fuß des Burgbergs von Neuschwanstein. Passenderweise gab man der 1889 neu gebauten Strecke die Bezeichnung »König-Ludwig-Bahn«. Kurz vor der offiziellen Eröffnung beförderte sie übrigens den Leichnam von Königin Marie, der in Hohenschwangau verstorbenen Mutter Ludwigs II., nach München. Außerdem wurde damals, um die Waggons zu ziehen, die »Füssen« in Dienst gestellt, heute die älteste betriebsfähige Dampflok Deutschlands.

Auch in München stellte man sich auf die Touristen und deren Bedürfnisse ein. Die Hofwagenburg am Marstallplatz beispielsweise präsentierte die Prunkschlitten und Karossen Ludwigs II.: »Als Unicum darf der Prachtwagen (der auf entsprechendem Gestell zugleich als Schlitten diente) des Königs gelten«, heißt es im bereits genannten Reiseführer von 1887. »Er ist (ohne Deichsel) 9 Meter lang und 6½ Meter hoch, also von unglaublicher Dimension, und kostete 800 000 Gulden. An dieses Prachtungethüm wurden sechs milchweiße Rösser gespannt. Ein kleiner Galawagen ist ebenso ausgestattet; Krone und Laterne spendeten elektrisches Licht; die Akkumulatoren befanden sich unter dem Sitz des Königs.« Hinter der Neuen Pinakothek, in der Theresienstraße 78, war neben dem Panorama des Nordseebads Scheveningen, einem »künstlerisch vollendeten Rundgemälde« des holländischen Marinemalers Hendrik Willem Mesdag, eine »Nachbildung der Blauen Grotte im Linderhof« zu sehen. Außerdem offerierten zahlreiche Geschäfte allerlei Memorabilien. Die »Photographische Anstalt« von Ferdinand Finsterlin, Hoflieferant, Promenadeplatz 5, bot »sämmtliche Aufnahmen der Prachtbauten König Ludwig II. in reicher Auswahl«, die Kunsthandlung Koestler in der Maximilianstraße 35 behauptete gar, mit dem größten Lager »von Ansichten der bayerischen Königsschlösser und der Alpenwelt aufwarten zu können. Daneben empfahl der Reiseführer dem geneigten Besucher einen Abstecher nach Schloss Berg, wo auf dem Bett im dritten Zimmer der ersten Etage noch immer jene »blauseidene Decke« zu sehen sei, »mit der der verblichene Fürst« nach seiner Bergung aus dem Wasser »zugedeckt war«. Außerdem gehöre eine Fahrt nach Altötting zum Pflichtprogramm, um dort »die von dem Silberarbeiter Ed. Wollenweber in München nach einem Entwurfe des Architecten Brocher in vergoldetem Silber kunstreich gefertigte Urne mit dem Herz König Ludwigs II.« zu würdigen. »Das herzförmige Gefäss ist – eine zarte Andeutung – im Style Ludwigs XIV. gehalten und an beiden Seiten mit Edelweiss und Alpenrosen verziert, hat mit dem schwarzen Marmorsockel 60 Centimeter Höhe, wirkt edel und harmonisch und bekundet eine ebenso hohe Vollendung der Technik als die liebevollste Durchführung.«

Zu den Bewunderern Ludwigs II. zählten allerdings nicht nur Touristen und Einheimische. Auch Dichter und Schriftsteller entdeckten ihn rasch. Beim äußerst geschäftstüchtigen Karl May, dessen Bücher er gern gelesen hat, taucht der König gleich in allen drei Bänden der 1886/87 erschienenen Trilogie *Der Weg zum Glück* auf – als hagiographisch verklärter Mäzen, der verborgenen Künstlerseelen zur Entfaltung verhilft und in der Rolle eines edlen Bärenbezwingers wie ein Wahlverwandter Winnetous wirkt. Schon 1881 diente Ludwig II. als literarisches Vorbild eines französischen Romans. Im effekthascherischen Machwerk *Der jungfräuliche König* von Catulle Mendès lernt er als kaum verfremdeter Frédéric von Thüringen aus dem Hause Mittelsbach den Komponisten Hans Hammer kennen, bevor er sich in Oberammergau kreuzigen lässt. Verständlicherweise wurde das fragwürdige Opus in Bayern umgehend als »staatsgefährdend« klassifiziert und verboten. Von anderem Kaliber zeigt sich Mendès' Landsmann und Zeitgenosse Paul Verlaine, der Ludwig als »den einzig wahren König seines Säkulums« besang:

> *… Ihr wart ein Dichter, ein Kämpfer, ein königliches Blut*
> *In einer Zeit, wo Könige nichts bedeuten als Entehrung …*
> *Gruß Euch in dieser einzigartigen Verklärung!*
> *Mög' Eure Seele wahren ihren strahlend stolzen Flug,*
> *Zu dem Wagners Musik empor sie trug.*

Noch heute feiert die Erinnerung an Ludwig II. fröhliche Urständ', wie man in Süddeutschland so schön sagt. Sein Leben wurde mehrfach verfilmt – unter anderem von Wilhelm Dieterle (1929), Helmut Käutner (1955) und Luchino Visconti (1972). Kurz vor dem hundertfünfundzwanzigsten Todestag Ludwigs machten Gerüchte die Runde, Johnny Depp werde den Märchenkönig in einer Co-Produktion mit Hollywood darstellen. Eines der jüngsten Denkmäler Ludwigs II. steht vor dem Terminal 2 im Flughafen München und zeigt ihn – selten leger dasitzend – mit verrutschter Schleife und dem Modell eines Doppeldeckers in der Rechten. Im Jahr 2000 ging in Füssen die weltweit beachtete Uraufführung des Musicals *Ludwig II. – Sehnsucht nach dem Paradies* über die Bühne, ein Werk von Stephan Barbarino und Franz Hummel. Ihm folgte 2005 mit *Ludwig² – Der Mythos lebt* ein weiteres Musical, diesmal aus der Feder von Konstantin We-

Der König als Bärenbezwinger – selbst Karl May thematisiert
Ludwig II., allerdings ziemlich frei

cker, Christopher Franke, Nic Raine und Rolf Rettberg. Selbst im Internet ist Ludwig II. zu Hause. Als Steampunk-Kini darf er in einem virtuellen Land namens Cybavaria endlich seine technischen Träume ausleben: Über seinem Thron rotiert ein mechanisches Planetarium, im Ballsaal wartet ein mechanisches Orchester – und zur Fortbewegung dient ihm ein prächtig ausgestattetes Luftschiff.

Ludwig war exzentrisch, schwul und genial. Er hat Traumwelten von

Nie gebaut, aber zumindest virtuell Realität – des Königs »Raubritterburg« Falkenstein in Cybavaria

großer illusionistischer Kraft geschaffen, Wagner gefördert und die technische Entwicklung in Deutschland angeschoben. Er gehört aber auch zu den besonders verschlossenen Herrschern seiner Zeit, galt im landläufige Sinne als autistisch – und als egoman sowieso. Seine letzten Lebensjahre waren von Verhaltensauffälligkeiten umschattet, von depressiven Verstimmungen, von Gewaltphantasien. Niemand kam ihm wirklich nahe. Schon 1876 soll er in Anlehnung an ein Zitat aus Schillers *Braut von Messina* erklärt haben: »Ein ewig Rätsel bleiben will ich mir und anderen.« Selbst seinem eigenen Volk war er zu Lebzeiten ein Unbekannter. Wie kann es sein, dass ein derart menschenscheuer Herrscher eines weithin unbedeutenden Königreiches zu Weltruhm kommt?

Noch aus dem Todesjahr Ludwigs II. stammt die bemerkenswert hellsichtige Prophezeiung eines frühen Biographen namens A. Graser, der – von der Verrücktheit des Königs überzeugt – feststellen zu müssen glaubte:

Der König träumt vom Fliegen – Ludwig II.
am Terminal 1 des Münchner Flughafens

»Der Geist des einst so hochgefeierten Königs umdunkelte sich allmählich durch gigantische Phantasiegebilde; die Augen mit dem schwärmerischen Ausdruck wurden vom Wahnsinn umflort.« Trotzdem aber werde Ludwig II. nicht »als wahnbeherrschter Menschenfeind, als welcher er so tragisch geendet, sondern als der jugendschöne, idealbegeisterte Einsiedler der Gebirgswelt in der Erinnerung des Volkes fortleben; die künstlerischen Gebilde seiner glänzenden monumentalen Bauwerke werden als großartige Wahrzeichen eines hochbegabten, aufs Große und Kühne gerichteten Geistes zur Nachwelt sprechen, und stets wird sein Gedächtnis in Ehren gehalten werden als das eines in schwerer, ernster Zeit deutschgesinnten, den edelsten Zielen zustrebenden und um ihre fortschreitende Verwirklichung hochverdienten Fürsten.« Und vielleicht trifft zum Teil ja auch zu, was der Publizist Fritz von Ostini in einem Nachruf schrieb, der 1902 in der legendären Münchner Zeitschrift *Die Jugend* erschien:

Er war ein König! König jeder Zoll:
Schön, stolz und frei und aller Hoheit voll
Und gebefroh und gütig wie ein Kind,
Und märchengläubig, wie die Kinder sind!
Und glücklich machen wollt' er immerdar,
Der selber doch so wenig glücklich war!

Kein Haupt, das eine Krone je gedrückt,
Hat sie so königlich wie seins geschmückt!
Und als der güldne Reif zu schwer ihm wog,
Als Dämm'rung schon in seine Seele zog
Und ihm des Willens Herrschaft war geraubt,
Ging noch ein Leuchten aus von diesem Haupt …

Er war ein König – und er hat's gewusst!
Und einsam blieb er, bis das Ende kam.
Des Königs würdig sah er fürder nur
Die Keusche Stille herrlicher Natur,
Der Heimatberge hohes Riesenreich,
An Größe seiner wunden Seele gleich!
Und einsam blieb er: immer ferner schien
Des Tages grelle Wirklichkeit für ihn
Und immer tiefer sank auf ihn die Nacht
Mit ihrer Träume rätselvoller Pracht
Und er verlor die Welt auf irrer Bahn.
Er war ein König – und er starb daran.

Vom Fin de Siècle zur Science-Fiction
Die Zeitumstände

Paris 1867. »Die helle Frühlingssonne« schien nach dem Bericht eines deutschen Journalisten jener Tage »lustig und fröhlich« auf die französische Hauptstadt herab, als Kaiser Napoleon III., begleitet von seiner Gemahlin, am 1. April auf dem Champ de Mars, einem ehemaligen Exerzierfeld, die Weltausstellung eröffnete. »Die unzähligen National-Wimpel flatterten in der plötzlich so blauen und heiteren Frühlingsluft, und auf den schnurgeraden Straßen, wo in bunten Farben die Uniformen der französischen Cavallerie glänzten, zog die Menge nach diesem größten Palaste unserer Zeit, größer als Escorial und Alhambra, als das Colosseum des alten Rom oder Sanct Peters Riesendom.« Das ovale Ausstellungsgebäude, als »Tempel des menschlichen Fleißes und des Gedankenreichthums« gerühmt, bedeckte eine Fläche von 186 000 Quadratmetern und hatte damit in der Tat gigantische Ausmaße. In der Mitte des »Palastes« gab es einen großen, offenen Innenhof mit Palmengarten und Springbrunnen. Rund um das Gebäude gruppierten sich gut zweihundert Pavillons, in denen die einzelnen Länder ihre »Eigenthümlichkeiten« präsentierten. Künstlich angelegte Grotten, Bäche und Wasserfälle gaukelten gewachsene Natur vor, Glashäuser mit wucherndem Grün und zwei begehbare Aquarien – das eine mit Süß-, das andere mit Salzwasser – erlaubten einen Blick in exotische und unerreichbar ferne Lebenswelten. Fünfzig Meter hohe, nie zuvor gesehene »Leuchttürme«, vermutlich Bogenlampen, spendeten elektrisches Licht und sorgten dafür, dass sich die Besucher auch nach Einbruch der Dunkelheit zurechtfanden.

Orgelklänge wie Kanonendonner – auf der Pariser Weltausstellung von 1867

Ludwig II. weilte Ende Juli eine ganze Woche in Paris, um die Weltausstellung zu sehen. Er erlebte ein Event der Superlative, ein illusionistisches Gesamtkunstwerk. Die Organisatoren wussten die Begeisterung für die neueste technische Entwicklung mit dem Amüsement zu verbinden, die Völkerschau mit dem Erlebnispark. Die Presse jubelte über die »welthistorische Bedeutung« der »Exposition universelle de Paris« und hoffte, sie möge »segensreiche Folgen« haben »für alle Völker der Civilisation, die gern und willig im Schweiße der aufgeklärten und lohnenden Arbeit ihr Brot essen und dabei unablässig bestrebt sind, das Leben durch einen immer größeren Reichthum von Ideen zu verschönern und zu verbessern.« Als Herzstück der Weltausstellung galt die »Galerie des Machines«, eine spektakuläre Glas-Eisen-Konstruktion von Gustave Eiffel samt freischwebendem Vordach, Cafés und Restaurants. Die ersten wasserhydraulischen Fahrstühle der Welt beförderten die Besucher auf das fünfundzwanzig Meter hohe Dach. Darunter präsentierte die Industrie zu Eiscreme Soda ihre neuesten Produkte und Erfindungen. Im Mittelpunkt des Interesses standen das Leichtmetall Aluminium, der Flugkolbenmotor und das erste Fahrrad mit Pedalen. Die Essener Krupp-Werke zeigten mit der fünfzig Tonnen schweren »Dicken Berta« die größte Kanone aller Zeiten. Der Amerikaner Samuel Morse wurde für seinen Schreibtelegraphen gefeiert. Und die deutsch-belgische Manufaktur Merklin & Schütze erhielt für ihre riesige symphonische Kirchenorgel, die wegen ihres gewaltigen Klangs als »machine infernale« in die Annalen einging, eine Goldmedaille.

Ludwig II., der als Dreikäsehoch Schiffskapitän werden wollte, war ein Kind seiner Zeit und wurde von der Aufbruchstimmung jener Tage förmlich mitgerissen. Andererseits schien ihm der Trubel in den Hallen zu viel. »O welch wohltuende Ruhe nach den Tagen der Hast, des Weltgeräuschs, wie ich sie jüngst im modernen Babylon erlebt; und doch bereue ich nicht die dort zugebrachte Zeit. Ohne Ermüdung war ich 6, 7 Stunden en suite in der Ausstellung«, berichtet er Cosima von Bülow, einer seiner Vertrauten. Tatsächlich prägten ihn die Eindrücke, die Ideen und Anregungen, die er aus Paris mit nach Hause brachte, sein Leben lang. Sein ganzes späteres Wirken als Schöpfer seiner Traumwelten ist ohne den Aufenthalt an der Seine nicht zu erklären. Denn der König war kein bloßer Rezipient, sondern ein kreativer, künstlerisch hochbegabter Geist mit Stilgefühl, Gestaltungswillen und einem Geldbeutel, von dessen Größe andere nur träumen konnten. Seine Phantasie, seine Neugier und seine Freude an Entdeckungen führten dazu, dass er bei nahezu allen Themen seiner Zeit in irgendeiner Form »mitmischte« und zu einem Mitgestalter seines Jahrhunderts wurde. Seine Schlösser gelten heute als Meisterwerke des europäischen Historismus.

Gleichzeitig fürchtete er die Moderne – wie viele seiner Zeitgenossen. Denn die technische Entwicklung jener Tage veränderte den bisherigen Alltag der Menschen grundlegend. Noch Anfang des neunzehnten Jahrhunderts hatten sich die Kommunikations- und Verkehrsmittel, die Wohnverhältnisse und der Lebensvollzug nicht wesentlich von den Gegebenheiten des Mittelalters unterschieden. Jetzt aber ging der Begriff »Zukunft« als Zauberwort der Moderne von Mund zu Mund. Vier Wochen vor der Geburt Ludwigs II. lief die »Great Britain« in Liverpool zu ihrer Jungfernfahrt nach New York aus und läutete eine neue Ära der Passagierschifffahrt ein. Der Ozeandampfer war das erste Eisenschiff mit Propellerantrieb. Er überquerte den Atlantik in gerade einmal vierzehn Tagen und brach damit alle Rekorde. Die Eröffnung des Suezkanals im Jahr 1869 und die von den Franzosen 1881 begonnenen Bauarbeiten für den Panamakanal galten als weitere Meilensteine der internationalen Seefahrt. Sie ersparten den Schif-

3-D-Animation des nicht realisierten »Pfauenwagens« Ludwigs II. – die Psychiater werteten den Traum vom Fliegen als Anzeichen für die Verrücktheit des Königs

fen die langen und gefahrenträchtigen Umwege über das Kap der Guten Hoffnung (an der Südspitze Afrikas) und das Kap Hoorn (an der Südspitze Amerikas).

Vom Fliegen träumte man natürlich auch. 1851 meldete Henri Giffard ein Patent auf die »Anwendung des Dampfes in der Luftschiffahrt« an. Mit zwei jungen Kollegen baute er ein vierundvierzig Meter langes, zigarrenförmiges Ungetüm, dessen Hülle 2500 Kubikmeter Gas fasste. Dieses Gefährt hob erstmals 1852 ab – der erste bemannte motorisierte Flug der Verkehrsgeschichte. Der endgültige Durchbruch ließ noch auf sich warten. Aber die Basis war geschaffen – zumal in jenen Tagen die großen Pioniere der Luftfahrt das Licht der Welt erblickten, etwa Otto Lilienthal (1848) oder die Gebrüder Wright (1867 und 1871).

> Stimmen von heute: Ludwig II., ein Visionär?
>
> Gerd Hirzinger hat wie kein anderer die sogenannte Mechatronik in Bayern vorangetrieben. Der 1945 geborene Professor für Ingenieurwissenschaften lehrt an der TU München, die einst von Ludwig II. gegründet wurde. Außerdem leitet er das Robotik- und Mechatronikzentrum beim Deutschen Zentrum für Luft- und Raumfahrttechnik in Oberpfaffen-

hofen. Dessen Kernkompetenz liegt darin, »intelligente Mechanismen« zu schaffen, die sich ferngesteuert oder autonom in dreidimensionalen Räumen zurechtfinden. Hirzinger entwickelt beispielsweise Robonauten, die durch den Orbit segeln und Weltraumschrott gezielt abstürzen lassen. Einer seiner Träume ist es, ein Auto zu bauen, »das sich weigert, einen Unfall zu begehen«. Privat interessiert er sich für den technikaffinen Märchenkönig. Hirzinger hat mit Münchner Computergraphik-Spezialisten zahlreiche Projekte Ludwigs II. in 3-D realisiert – darunter den Byzantinischen und den Chinesischen Palast, Burg Falkenstein mit dem großen Schlafzimmer, den Spiegelsaal in Herrenchiemsee, die Grotte in Linderhof und den Wintergarten auf dem Dach der Residenz. Auch den geheimnisvollen »Pfauenwagen« und ein lenkbares Luftschiff hat Hirzinger virtuell erstehen lassen.

Hat Ludwig II. die Entwicklung der Technik befördert?

Das glaube ich schon. Man kann natürlich über die Motive streiten. Und es stimmt vermutlich, dass er sich für die Technik starkgemacht hat, weil er seine eigenen Pläne und Visionen realisieren wollte. Dazu griff er auf die neuen Möglichkeiten seiner Zeit zurück – auf die Dampfkraft beispielsweise, auf die Elektrizität. Bayern war damals vorne dran. Ich denke zum Beispiel an die »Internationale Electricitäts-Ausstellung«, die 1882 im Münchner Glaspalast stattfand. Damals wurde von Oskar von Miller erstmals in Deutschland elektrischer Strom über eine längere Strecke geleitet, nämlich von Miesbach nach München. Konkret hat man einen kleinen künstlichen Wasserfall über eine Telefonleitung angetrieben. Das war spektakulär. Ludwig II. wusste dieses Wissen zu nutzen. Er hat sich eine Theaterbeleuchtung gewünscht. Die Bühne sollte ins rechte Licht gesetzt sein, er selber aber wollte sich vor den neugierigen Blicken des Publikums im Dunkel verbergen können. Und dann diese ominöse Glühbirne am Schlitten des Königs – und zwar einige Jahre bevor Thomas Alva Edison sein Patent auf die Glühbirne überhaupt angemeldet hatte. Mich würde sehr interessieren, wo diese Glühbirne herkam! Oder denken Sie an die Grotte in Linderhof. Für ihre möglichst perfekte Beleuchtung hat Ludwig II. nicht nur das erste Elektrizitätswerk in Bayern gebaut, sondern auch verzweifelt nach einem bestimmten Blau gesucht. Es gibt Hinweise darauf, dass er mit seiner Suche nach dem »blaueren Blau« die Chemie seiner Zeit befruchtet hat. München hat sich damals zum Zentrum der europäischen Chemie entwickelt. Bekanntermaßen hat sich dann ja auch BASF in die Suche nach dem »blaueren Blau« eingeschaltet. Am Ende stand die Entwicklung von künstlichem Indigo – einem Farbstoff, ohne den die Jeans, so wird zumindest kolportiert, nicht so blau wären, wie sie sind.

Außerdem träumte Ludwig II. vom Fliegen.

Ja, in der Tat – wobei sich damals aber niemand so richtig vorstellen konnte, wie das funktionieren sollte. Ludwig II. hat immer wieder nachgehakt, hat den mit ihm befreundeten Maschinenmeister Friedrich Brandt auf diese Frage angesetzt. Er hat Fachaufsätze über die Möglichkeiten lenkbarer Ballone und Luftschiffe gelesen. Es gibt auch Hinweise darauf, dass der König den Luftfahrtpionier Gustav Koch, der an einem lenkbaren Luftschiff, einer Art Zeppelin, arbeitete, finanziell unterstützt hat. Außerdem wünschte sich der König eine Gondelseilbahn. Sie sollte von Schloss Hohenschwangau über den Alpsee auf die Sperbersau führen und von einem Ballon entlastet werden. Die Gondel heißt in Briefen des Königs »Pfauenwagen«. Vermutlich sollte sie entsprechend verziert sein. Das Ganze hat sich aus technischen Gründen nicht realisieren lassen und ist Ludwig II. später zum Verhängnis geworden: Die Psychiater meinten ganz offensichtlich, er hätte daran gedacht, sich von lebenden

Pfauen durch die Lüfte ziehen zu lassen. Aber das ist natürlich Unsinn. Tragischerweise sollte es dann gar nicht mehr lange dauern, bis die Träume des Königs Wirklichkeit wurden: Fünf Jahre nach dem Tod Ludwigs II. machte Otto Lilienthal seine ersten erfolgreichen Flugversuche.

Zu Land machte die Eisenbahn Furore. Mit ihr verkürzte sich die Reisezeit im Vergleich zur Postkutsche dramatisch: Die Passage durch den 1882 eröffneten, fünfzehn Kilometer langen Gotthardtunnel dauerte – je nach Leistung der vorgespannten Dampflok – zwischen siebzehn und dreiundzwanzig Minuten. Man dachte auch an die Bequemlichkeit: 1872 verkehrte in Deutschland der erste Speisewagen, 1873 der erste Schlafwagen. Parallel zum internationalen Schienennetz entwickelte sich die innerstädtische Personenbeförderung: 1863 nahm in London die erste U-Bahn der Welt ihren Betrieb auf, 1881 ratterte in Berlin die erste elektrische Straßenbahn der Welt vom Bahnhof Lichterfelde zur Preußischen Hauptkadettenanstalt in der Zehlendorfer Straße.

Der moderne Individualverkehr ließ nicht lange auf sich warten: 1885 baute August Gottfried Daimler den hölzernen Prototypen seines Motorrads. 1886, im Todesjahr Ludwigs II., ließ Carl Benz seinen dreirädrigen, benzingetriebenen Motorwagen patentieren, das erste Automobil der Geschichte – einen »Selbstfahrer« mit einer Leistung von 0,8 PS (0,6 kW) und einer Höchstgeschwindigkeit von achtzehn Kilometer pro Stunde. Der Großteil der Bevölkerung konnte sich dagegen nicht einmal ein »Velociped« leisten, das ursprünglich als »Knochenschüttler« in Verruf stand, dank der neuartigen Luftreifen inzwischen aber einen deutlich erträglicheren Fahrkomfort bot. Auch Ludwig II. interessierte sich für diese neue Möglichkeit der Fortbewegung. »Erkundige Dich genau nach einem solchen Velociped, das praktisch zu sein scheint«, trug er einem Vertrauten auf.

Zu den Innovationen im Bereich Mobilität gesellten sich die Vorboten des Informationszeitalters: 1854 stellte der ehemalige Theatermaschinist Antonio Meucci, ein gebürtiger Italiener, in New York die erste funktionierende Fernsprechverbindung her. Vier Jahre später verlegte die Atlantic Telegraph Company zwischen Irland und Neufundland ein 4500 Kilometer langes Tiefseekabel – die erste Telegraphenverbindung zwischen Europa und Amerika. Allerdings offenbarte schon die Premiere eklatante

Mängel: Die Grußbotschaft von Queen Victoria an den amerikanischen Präsidenten James Buchanan kam erst nach sechzehn Stunden an, obwohl sie nur einhundertdrei Wörter umfasste. Wenige Wochen später brach die Verbindung ganz ab. Vermutlich war die Guttapercha-Ummantelung des Kabels bei der Verlegung beschädigt worden. Erst 1866 funktionierte der Datenaustausch zwischen der Alten und der Neuen Welt zuverlässig.

Die Finanzwirtschaft nutzte die neue Möglichkeit sofort. Jetzt konnten die Kurse der Londoner Börse schon am folgenden Morgen in New York bekanntgegeben werden – und umgekehrt. Auch die Presselandschaft profitierte von der modernen Übertragungstechnik. Bereits 1849 war in Berlin das Telegraphische Correspondenz-Bureau gegründet worden, eine der ersten Nachrichtenagenturen Europas. 1851 kam die *New York Times* dazu, 1855 der *Daily Telegraph* (London), 1866 die tägliche Ausgabe des Pariser *Figaro*. Die auflagenstärkste deutsche Tageszeitung waren die 1848 gegründeten *Münchner Neuesten Nachrichten*, an deren Tradition die *Süddeutsche Zeitung* anknüpft. Ausführliche Berichte stellten die neuesten Erfindungen vor. Auch die Literatur griff die weitverbreitete Begeisterung für Technik und Wissenschaft auf: Das Genre der Science-Fiction machte erste Gehversuche, und der französische Schriftsteller Jules Verne schrieb einen Bestseller nach dem anderen – darunter *Fünf Wochen im Ballon* (1863), *Reise zum Mittelpunkt der Erde* (1864), *Von der Erde zum Mond* (1865) und *Zwanzigtausend Meilen unter dem Meer* (1869).

Die Wirtschaft boomte. Zahlreiche Unternehmen, die heute in der Liga der Global Player mitspielen, traten in jenen Tagen erstmals in Erscheinung – darunter Siemens (1847), American Express (1850), Fruit of the Loom (1851), Louis Vuitton (1854), Hoechst (1863), Bayer (ebenfalls 1863) und BASF (1865). Die Industrie brauchte Arbeiter – und die drängten jetzt zu Hunderttausenden in die Städte. 1850 gab es in Deutschland vier Kommunen mit über hunderttausend Einwohnern. 1890 waren es sechsundzwanzig. München wuchs zu Lebzeiten Ludwigs II., zwischen 1846 (85 500) und 1885 (262 000), auch aufgrund von Eingemeindungen, um das Dreifache. Schon 1870 waren die gebürtigen Münchner in der Minderheit – und der traditionelle Katholizismus hatte seine Monopolstellung verloren. Dafür traf man in der königlich bayerischen Hauptstadt neben Protestanten, Juden und Muslimen jetzt auch auf Reformierte, Griechisch-Orthodoxe, Irvingianer, Mennoniten und Wiedertäufer. Geradezu bedrohliche

20 000 Meilen unter dem Meer – Kapitän Nemo ist ein
»Zeitgenosse« Ludwigs II. (Illustration der französischen
Originalausgabe)

Ausmaße nahm die Bevölkerungsexplosion in London an. Im März 1801 zählte die Statistik 1,1 Millionen Einwohner, genau hundert Jahre später 6,5 Millionen.

Die Städte gingen ihrer alten biedermeierlichen Gemütlichkeit verlustig. Der Verkehr wurde dichter, gefährlicher, lauter. Die Wiener Polizei untersagte 1889 dem Mechaniker Siegfried Marcus, sein neukonstruiertes, sieben Stundenkilometer schnelles Automobil probezufahren – »wegen ungebührlicher Lärmentwicklung«. Rauch und Abgase verpesteten die Luft. Die Hygiene ließ zu wünschen übrig. Mitte Juli 1854 brach in

München die Cholera aus. Unter den 2974 Todesopfern: Königin Therese von Bayern, die Großmutter Ludwigs II. In London war die Situation kaum besser. In der britischen Metropole benutzte man zwar schon moderne Toiletten mit Spülung. Damit stieg jedoch auch die Abwassermenge. Häufig liefen die Sickergruben über. In der Folge ergossen sich die Fäkalien bei starkem Regen mit dem Schmutzwasser von Schlachthäusern, Fabriken und anderen Gewerbebetrieben ungeklärt in die Themse. Auf diese Weise kam es im umbarmherzig heißen Sommer des Jahres 1858 zum »Great Stink«. Der Fluss war eine einzige, kilometerlange Kloake – und das mitten in der Stadt. Das Unterhaus des britischen Parlaments stellte seine Arbeit ein. Die Vorhänge im Palace of Westminster mussten mit Calciumchlorid getränkt werden. Allerdings lernte man aus der Katastrophe: Joseph Bazalgette, Chefingenieur der Londoner Baubehörde, konzipierte eine effiziente Kanalisation. Als sie fertig war, verfügte jeder Haushalt in London über sauberes Trinkwasser. Die Sterberate sank rapide. Bazalgettes Abwassersystem funktioniert noch heute.

Das Leben war dank der Segnungen von Industrie und Technik vielfach bequemer und sicherer geworden, gleichzeitig aber auch kurzatmiger. Und niemand wurde der zunehmenden Hektik Herr. Das beeinträchtigte die Gesundheit. Die neue Modekrankheit hieß Neurasthenie. Unter diesem Begriff – als »Nervenschwäche« ins Deutsche übersetzt – wurde ein ganzes Bündel diffuser Zivilisationsleiden subsumiert: psychische Störungen, die mit der weitverbreiteten Prüderie in Zusammenhang standen, vor allem aber Überforderungsgefühle und Versagensängste angesichts der beschleunigten Welt. Als gefährdet galten laut *Meyers Konversationslexikon* von 1885–1892 »die geistig arbeitenden Klassen« im »lebhaften Treiben der großen Städte«, darunter »Beamte, Offiziere, Ärzte, Gelehrte und Künstler«, aber auch »junge Lebemänner, welche zu viel geschwelgt und zu wenig geschlafen haben« – und die Angehörigen der Unterschicht, »denen ihre schwere Berufspflicht, der rastlose Kampf ums Dasein mehr Arbeit zugemutet hat, als Körper und Geist auf die Dauer ohne Schaden ertragen können«. Es handelte sich um eine Art Burn-out des neunzehnten Jahrhunderts, um »ein durch alle Klassen reichendes Bedürfnis, sich am modernen Leben erkrankt zu fühlen«, wie der Publizist Uwe Pralle süffisant schreibt. Zu den typischen Symptomen einer Neurasthenie zählten Zipperlein, über die zuweilen auch Ludwig II. klagte: Reizbarkeit, Schwindelanfälle, Kopfschmerzen, Herzklopfen, Abgeschlagenheit und die »Unfähigkeit zu körperlichen Anstrengungen«, aber auch Grübeleien, unruhiger Schlaf, »Stuhlverstopfung«, Hypochondrie und Schwermut. Außerdem glaubte man, das »schnelle Ermüden von Armen und Beinen«, »krampfartige Muskelzuckungen« und die ausufernde »sexuelle Erregbarkeit« auf die »Nervenschwäche« zurückführen zu können.

Als Therapie empfahlen die Ärzte »einen geeigneten Aufenthalt in reiner Wald-, Gebirgs- oder Seeluft«, »Bäder und Massagen mit elektrischer Reizung der Nerven« sowie »nervenstärkende Mittel« wie »Bromkali, Chinin, Eisen«. Unbedingt vermeiden sollte man »gewaltsame« Maßnahmen, »welche zur schnellen Entfettung eingeschlagen werden«, sowie »forcierte Schwitz-, Trink-, Hunger- oder Kaltwasserkuren, welche zu den ›modernen‹ Heilmitteln gehören und sehr zum Schaden des Patienten oft ohne ärztliche Vorschrift durchgeführt werden«. Um die »Nervenschwäche« gar nicht erst aufkommen zu lassen, riet der Lyriker Otto Erich Hartleben: »Raste nie, doch haste nie, sonst haste die Neurasthenie.«

Der Aufbruchstimmung jener Tage stand also eine elementare Erschöpfung gegenüber. Dazu kam eine wachsende Angst vor der Zukunft. Die bisherige Welt geriet aus den Fugen. Industrialisierung und Gewerbefreiheit wirbelten das überkommene Sozialgefüge durcheinander. Die Arbeiterschaft organisierte sich und forderte Rechte. Die Politik reagierte mit Verboten, mit der Verfolgung, Verhaftung und Verurteilung führender Köpfe. Wilhelm Liebknecht, einer der profiliertesten Anwälte der »kleinen Leute«, landete als »radikaldemokratischer Revolutionär« im Gefängnis und konnte sich seiner drohenden Hinrichtung nur dadurch entziehen, dass er ins Exil ging. Viele Jahre später, als er längst rehabilitiert schien und sich einen Namen als wortmächtiger Widerpart des »Eisernen Kanzlers« gemacht hatte, saß er noch einmal vierundzwanzig Monate in Festungshaft. Doch die Entwicklung ließ sich nicht aufhalten. 1848 veröffentlichten Karl Marx und Friedrich Engels das *Kommunistische Manifest*, 1869 fand in Eisenach der Gründungskongress der Sozialdemokratischen Arbeiterpartei statt, aus der die heutige SPD hervorgehen sollte.

Die Vorrangstellung des Adels wurde mehr und mehr hinterfragt. Monarchen und Fürsten untermauerten ihren Herrschaftsanspruch – zunehmend verzweifelt und reichlich anachronistisch – mit Verweisen auf die mittelalterliche Gesellschaftsordnung. Weil sie nicht freiwillig weichen

Der Sozialismus – Schreckgespenst der europäischen Monarchen (*Socialist Jack in the Box*, 1878)

wollten, halfen Anarchisten und Wirrköpfe nach: Im neunzehnten Jahrhundert gab es so viele Attentate auf gekrönte Häupter wie in keinem anderen Säkulum. Einige Herrschaften überlebten – darunter Frankreichs Bürgerkönig Louis Philippe (1846), Kaiser Franz Joseph von Österreich (1853) und König Wilhelm I. von Preußen (1861). Andere starben – etwa Abbas I., Vizekönig von Ägypten (1854), Zar Alexander II. von Russland (1881) oder Kaiserin Elisabeth von Österreich (1898). Auch der stets von Leibwächtern, sogenannten ›Büchsenspannern‹, umgebene Ludwig II. fürchtete, einem ›sozialistischen‹ Attentat zum Opfer zu fallen. Er war aus diesem Grund zunehmend seltener in seinem auffallend prunkvollen Hofzug unterwegs und befahl bei Fahrten durch die ungeliebte Residenzstadt ein scharfes Tempo.

Selbst weniger hochgestellte Persönlichkeiten sahen ihre Felle davonschwimmen: Die preußischen Junker befürchteten Bodenreformen und den Verlust ihrer Besitztümer. Die Fabrikbesitzer klagten, ihre Gewinnspannen würden durch die Sozialabgaben in existenzgefährdender Weise geschmälert. Und die Großbürger echauffierten sich über Aufstieg, »Allmacht« und Anmaßung der anonymen, gesichtslosen Masse.

Deutlich vernehmbar war auch das Lamento über den angeblichen Verfall der Werte: Konnte man es wirklich dulden, dass inzwischen sogar auf den Straßen geraucht wurde? In den zerlumpten Vorstädten, wo sich ein billiges Quartier ans andere reihte und die Armut zu Hause war, mochte das ja noch angehen. Aber auf den Trottoirs der mondänen innerstädtischen Avenuen, wo sich das vornehme Publikum in Szene setzte? Nimmermehr!

Auch die Kirche verlor an Einfluss. Hirtenbriefe zur Moral wurden zu Makulatur. Die meisten Männer heirateten – unabhängig von ihrem gesellschaftlichen Status – erst mit Mitte dreißig. Trotzdem waren sie in der Regel keine »Jungfrauen« mehr. Der Papst reagierte auf den Verlust seines Einflusses mit dem Dogma der Unfehlbarkeit. Ludwig II. lehnte dieses Dogma mit dem Argument ab, der Papst sei auch nur ein Mensch, ein Mensch aber sei fehlbar, andernfalls wäre er Gott.

Prüderie, Steifheit und »Sittenrichtertum« der Alten hatten keine Zukunft. Stattdessen hielt mit den Gründerjahren (ab 1871) eine ungezwungene Frivolität Einzug. »Die Zahl der vornehmen Nachtlokale mit Chambres séparées, der Stundenhotels, der Tanzdielen, der Bars nahm zu«, berichtet der Innsbrucker Neuzeithistoriker Hans Kramer im *Handbuch der Kulturgeschichte*. »Es gab Lebedamen, die in eleganten Kutschen über den Corso fuhren und sich in den ersten Theatern Berlins in den Proszeniumslogen mit ihrem meist bejahrten ›Freund‹ bewundern ließen«, wobei die wirklichen Geliebten dieser Damen die jugendfrischen Söhne der bejahrten »Freunde« gewesen sein sollen. Angesichts solcher »Sittenlosigkeiten« wundert es nicht, dass Erotica zunehmend gefragt waren. Die in den 1840er Jahren entstehende Fotografie erweiterte das Angebot beträchtlich. Anzügliche Darstellungen männlicher und weiblicher Akte gingen oft gleich im Dutzend über den Ladentisch. Konservative Stimmen ereiferten sich über die »ekelerregenden Nuditäten, welche die physischen und moralischen Hässlichkeiten derer erschreckend treu wiedergeben, die für Geld zu diesen Bildern Modell standen«. Allein – die Entrüstung verhallte ungehört. Als die Behörden 1857 das Lager eines britischen Fotografen

Der Papst erklärt sich für unfehlbar – Ludwig II. protestiert

beschlagnahmten, kamen fünftausend Stereoskopien erotischer Szenen und hundertdreißigtausend Abzüge zum Vorschein. Auch die Auflösung der Ehe war kein Tabu mehr: Ab dem 1. Oktober 1874 konnte man in Preußen die Scheidung einreichen, ohne mit dem Verlust von Rang und Ehre rechnen zu müssen.

Wer hingegen im Verdacht stand, homosexuell zu sein, war gesellschaftlich ruiniert. Mit der Feststellung, gleichgeschlechtliche Liebe sei ein krankhafter Trieb, »eine Art moralischer Geschlechtswahnsinn« und eine »Teilerscheinung psychischer Degenerationszustände«, trugen das *Praktische Handbuch der Medizin* von 1860 und das *Lehrbuch der gerichtlichen Psychopathologie* von 1875 wesentlich zur Ächtung der gleichgeschlechtlichen Liebe bei. Im Gegensatz zu Preußen war die Homosexualität in Bayern jedoch schon seit 1813 nicht mehr strafrechtlich relevant. Der namhafte Rechtsgelehrte Anselm von Feuerbach, der unter anderem in Landshut lehrte, hatte sich als erster deutscher Jurist für den Wegfall aller damals so genannten »Sodomiestrafen« ausgesprochen, »sofern durch derartige sexuelle Handlungen nicht die Rechtssphäre eines anderen gestört wird«. Da sein Entwurf für ein bayerisches Strafrecht beinahe wörtlich zum Gesetzestext erhoben worden war, konnte in Bayern niemand mehr wegen Homosexualität belangt werden. Folglich siedelten nach 1813 viele Schwule in die weiß-blaue Hauptstadt München über.

Als 1870 das Deutsche Reich gegründet wurde, ging jedoch auch in Bayern die liberale Phase zu Ende. Die Strafgesetzbücher der einst souveränen deutschen Länder verloren ihre Gültigkeit. Als Grundlage der Rechtsprechung diente nun das am 5. Mai 1871 verkündete *Strafgesetzbuch für das Deutsche Reich*, das seinerseits auf den alten preußischen Rechtsauffassungen beruhte. Deshalb hieß es jetzt unter dem berühmt-berüchtigten Paragraphen 175: »Die widernatürliche Unzucht, welche zwischen Personen männlichen Geschlechts oder von Menschen und Tieren begangen wird, ist mit Gefängnis zu bestrafen; auch kann auf Verlust der bürgerlichen Ehrenrechte erkannt werden.« Ludwig II., der noch in den letzten Tagen seines Lebens intimen Umgang mit Männern hatte, kriminalisierte sich mit der Ratifizierung des neuen Strafgesetzbuches selbst.

Nichtsdestotrotz gab es – namentlich in den Großstädten – ein lebhaftes schwules Szeneleben. Selbst Angehörige des Hochadels taten wenig, um ihre homosexuellen Neigungen zu verstecken: Ludwig II. machte im kleinen Kreis keinen Hehl aus seiner Neigung zu Männern. König Karl I. von Württemberg ernannte seinen Geliebten, einen jungen amerikanischen Prediger, gar zum Kammerherrn, überließ ihm ein stattliches Vermögen und zeigte sich mit ihm – identisch gewandet – bei gemeinsamen Ausfahrten. Allerdings zermürbte ihn die öffentliche Kritik dann doch, und er beendete das Verhältnis. Er verliebte sich jedoch rasch wieder, diesmal in einen hübschen Theatermaschinisten namens Wilhelm George. In Österreich, wo es freizügiger zuging, schlug Erzherzog Ludwig Viktor über die Stränge. Der jüngste Bruder Kaiser Franz Josephs – drei Jahre älter als Ludwig II. und in einschlägigen Berichten »Luziwuzi« genannt – galt als intrigant und tratschsüchtig. Er soll bevorzugt Frauenkleider getragen und ausgelassene Feste mit attraktiven jungen Männern gefeiert haben. Sein angebliches El Dorado war ein Herrenbad in Wien, das heute unter der Bezeichnung »Kaiserbrünndl« firmiert und als erste schwule Sauna am Platze gilt. Hier, so heißt es in der Selbstdarstellung des Hauses, habe Luziwuzi ganze Tage mit seinen Lustknaben verbracht und ihnen zum Lohn für ihre Dienste brillantenbesetzte goldene Uhren geschenkt. Eines Tages kam er allerdings mit einem blauen Auge aus dem Caldarium.

Angeblich hatte er sich einem Offizier »unsittlich« genähert. Das sicherte ihm, wie man hört, gleich auch noch die Verbannung ins verschlafene Salzburg, wo er weit genug weg war, um dem Wiener Hof keine Scherereien mehr zu machen.

Im Gegensatz zur erotisch aufgeladenen Atmosphäre blieb die Mode jener Tage erstaunlich züchtig. Nackte Haut zu zeigen galt als unschicklich. Außerdem ging man nicht barhäuptig aus dem Haus. Die Herren erschienen stets im steifen Kragen mit »Vatermörder«-Spitzen und trugen zu Anzug oder Frack mit Weste einen Zylinder, später auch den Halbzylinder oder eine Melone. Die Kopfbedeckungen der Damen und ihre Kostüme waren deutlich aufwendiger und beschäftigten ganze Heerscharen von Modistinnen. Besonders teuer kamen die ausgefallenen, oft wagenradgroßen Hutkreationen. Sie buhlten mittels kostbarer Federn und ausgestopfter Vögel um Aufmerksamkeit. Zu einem regelrechten Raumproblem wurde die Krinoline. Aufgrund ihrer zahllosen Unterröcke und der aufgesetzten gestärkten Volants blähte sie sich derart, dass an ein Vorbeikommen kaum zu denken war. In Paris behauptete der Volkswitz, der von Napoleon III. angeordnete Abriss der alten Stadtquartiere, der das Ziel verfolgte, anstelle der engen Gassen breite, repräsentative Boulevards anzulegen, sei allein der Krinoline geschuldet.

Man mag kaum glauben, dass in jenen Tagen auch die Jeans erfunden wurde: 1873 ließen Levi Strauss und sein Partner Jacob Davis die robuste Arbeitshose, die bei den Goldgräbern Amerikas beliebt war, patentieren. Die europäischen Männer jener Tage demonstrierten ihre maskuline Tatkraft eher über den Vollbart. »Er ersparte den Volkskämpfern das Rasieren«, ulkt der Philosoph und Hochschullehrer Karl Buchheim. Sein Danziger Kollege Arthur Schopenhauer sah im um sich greifenden Gesichtsbewuchs gar »das Symptom der überhand nehmenden Rohheit« – ein »Geschlechtsabzeichen, welches besagt, daß man die Maskulinität, die man mit den Tieren gemeinsam hat, der Humanität vorzieht«. Tatsächlich liefen viele Entwicklungen in der damaligen Politik auf aggressive Konkurrenz hinaus: Überall in Europa keimten ein Nationalismus und ein Militarismus, die alle historisch bekannten Dimensionen sprengten.

Wo sollte das alles hinführen? Viele Menschen waren davon überzeugt, eine endzeitliche Epoche zu erleben. In seinen *Nachgelassenen Fragmenten* notierte der Philosoph Friedrich Nietzsche, die »ganze europäische Cul-

Raumgreifend – die Damenmode im neunzehnten Jahrhundert
(George Cruikshank: *A Splendid Spread*)

tur« bewege sich »mit einer Tortur der Spannung, die von Jahrzehnt zu Jahrzehnt wächst, wie auf eine Katastrophe los: unruhig, gewaltsam, überstürzt: wie ein Strom, der ans Ende will«. Dazu gesellte sich die Erkenntnis, dass auch die moderne Technik keine absolute Sicherheit garantierte. Im Gegenteil. Die Dimensionen des Möglichen wuchsen, gleichzeitig aber auch die Dimensionen des Scheiterns.

Das hatte sich schon zur Jahrhundertmitte gezeigt: Die modernen Passagierschiffe waren so geräumig, dass bei einer Havarie oft gleich Hunderte von Passagieren den Tod fanden. So verloren 1854 über tausendeinhundert Menschen im eiskalten Atlantik ihr Leben, als innerhalb weniger Monate der Eisenklipper *RMS Tayleur*, das damals größte Schiff der Welt, der propellergetriebene Ozeandampfer *City of Glasgow* und die luxuriöse, für die schnellste Atlantiküberquerung mit dem Blauen Band ausgezeichnete *Arctic* mit Mann und Maus sanken. In der Wahrnehmung sensibler Naturen schienen Untergang, Tod und Verderben überall am Werk. Weltschmerz und Lebensüberdruss gehörten zum guten Ton. Das stete Lamento erstickte jegliche Euphorie. 1886, im Todesjahr Ludwigs II., wurde dieses Phänomen erstmals benannt: Die französische Zeitschrift *Le Décadent* sprach vom »fin de siècle«.

In der Folge flohen nicht nur Intellektuelle, Künstler und Literaten in ästhetische Gegenwelten. Als Kulisse dafür stand der Orient hoch im Kurs. Erste Berührungen mit dem islamischen Kulturkreis hatte es schon durch

Im türkischen Bad – der Orient als Inbegriff der Sinnlichkeit
(Jean-Auguste-Dominique Ingres: *Le Bain turc*, 1863)

die maurische Herrschaft in Andalusien (ab 711 n. Chr.), durch die Kreuzzüge (ab 1095/99) und die Türkenkriege (ab 1453) gegeben. Auf diese Weise waren unter anderem das Schachspiel, die arabischen Ziffern und der Kaffee nach Europa gekommen. In den Tagen der Aufklärung rückte sogar China ins Blickfeld. Im neunzehnten Jahrhundert kam die romantische Verklärung dazu – nicht zuletzt durch Napoleons »Ägyptische Expedition«, einen militärisch-wissenschaftlichen Vorstoß ins einstige Land der Pharaonen (1798–1801).

Spätestens ab diesem Zeitpunkt huldigte die abendländische Literatur dem Orient als Projektionsfläche des Geheimnisvollen und Märchenhaften, des Sinnlichen, Verbotenen und Dekadenten. Große Aufmerksamkeit erfuhr *Lalla Rookh*, eine 1817 erschienene »orientalische Romanze« des irischen Poeten Thomas Moore. Dem deutschen Komponisten Robert Schumann diente das exotische Epos als Libretto für sein Oratorium *Das Paradies und die Peri* (1843). Der französische Komponist Félicien David machte aus *Lalla Rookh* eine gleichnamige komische Oper (1862), die triumphal gefeiert und in München für Ludwig II. im Rahmen einer »Separatvorstellung« aufgeführt wurde.

Auch Victor Hugo erlag dem Zauber von Tausendundeiner Nacht. »Im Zeitalter Ludwigs XIV. war man Hellenist, jetzt ist man Orientalist«, schrieb er im Vorwort seiner 1829 erschienenen Gedichtsammlung *Les Orientales*. Die Malerei griff die Stimmung auf: Haremsszenen erfreuten sich größter Beliebtheit. Und als Jean-Auguste-Dominique Ingres 1863 die Frauenabteilung eines türkischen Hamam in aller Freizügigkeit auf die Leinwand bannte, soll zwar der Pariser Hof entsetzt gewesen sein – die Kritiker hingegen schwärmten von einem »Stelldichein orientalischer Koketterie« und einem »Meisterwerk der Erotik«.

Selbst die Architektur griff beherzt in die Formenkiste des Orientalismus: Das Maschinenhaus für die Wasserspiele des Schlossparks in Sans-

Maurisches Berlin – die Neue Hauptsynagoge in der Oranienburger Straße (Emil Pierre Joseph de Cauwer, 1865)

souci wurde auf Wunsch des preußischen Königs ab 1841 »nach Art der türkischen Moscheen mit einem Minarett als Schornstein« errichtet. Die 1866 eingeweihte Neue Synagoge an der Oranienburger Straße in Berlin orientierte sich mit ihren maurischen Elementen an der Alhambra in Granada.

Als irrwitzigster Bau jener Tage gilt der kapriziöse und als »orientalische Andenkenschatulle« verspottete Königliche Pavillon im englischen Seebad Brighton. Kuppeln, Minarette und Steinarabesken bestimmen das äußere Erscheinungsbild des pompösen Märchenschlosses. Im Innern entfaltet sich die exotische Wunderwelt eines fernöstlichen Prachtzelts mit geschnitzten Bananenblättern, Bambusmöbeln und Chinoiserien aus Mahagoniholz. Selbst die Küche präsentiert sich exotisch: Die Decke wird von schlanken Eisensäulen in Form von Dattelpalmen getragen. Ludwig II. folgte diesem Beispiel. In seinem üppig wuchernden Wintergarten über den Dächern der Münchner Residenz gab es eine indische Fischerhütte und ein türkisches Prachtzelt. Für den Schloßpark in Linderhof kaufte er einen zerlegbaren Maurischen Kiosk. In Neuschwanstein plante er Grünanlagen nach dem Vorbild der Gärten im Generalife zu Granada.

Auch die Bürger verfielen dem Reiz des Orients. In den Wohnungen der besseren Gesellschaft stieß man auf türkische, persische, japanische und chinesische Textilien, auf Möbel und Keramiken fernöstlicher Herkunft, auf Tigerfelle und Arrangements aus künstlichen Pfauenfedern, auf »maurische Rauchzimmer« und ostasiatische Boudoirs. Zu den Attraktionen des 1840 in Wien eröffneten Tanzlokals *Elysium* gehörte ein »Serail« mit hübschen Türkinnen. Wer das Land ihrer Herkunft besuchen wollte und das nötige Kleingeld mitbrachte, konnte ab 1883 am Pariser Gare de l'Est in den Orient-Express einsteigen – wobei der legendäre Hotelzug erst 1888 durchgehend bis Konstantinopel (seit 1930 Istanbul) verkehrte. Billiger war ein Buch von Karl May, mit dem man zumindest virtuell auf Reisen gehen konnte – beispielsweise *Durchs wilde Kurdistan* (1881/82), *Von Bagdad nach Stambul* (1882–1884) oder *Durch das Land der Skipetaren* (1888).

Auch die Weltausstellung von 1867 bediente das allgemeine Bedürfnis nach exotischen Sensationen: Sie präsentierte eine Karawanserei samt Kamelen, den Nachbau eines Chinesischen Sommerpalastes, in dem man einer Teezeremonie beiwohnen konnte – und einen leibhaftigen Sultan: Schon bevor Abdülaziz I. (und Einzige dieses Namens) auf Einladung Na-

China mitten in Europa – fernöstliche Teezeremonie auf der
Pariser Weltausstellung 1867

poleons III. nach Paris kam, kursierten in der französischen Hauptstadt die seltsamsten Gerüchte. Es hieß, der Herrscher des Osmanischen Weltreichs fahre in einer goldenen Kutsche, die von seinen Vasallen gezogen werde, und lasse seine Schuhe mit Sand aus dem Marmarameer füllen, damit seine Füße nicht mit christlicher Erde in Berührung kämen. Außerdem dichtete man ihm ein Gefolge von Löwen und Elefanten an.

Unabhängig von der Weltausstellung galt das Auswickeln von Mumien als Partyspaß schlechthin. Zu den ersten, die sich dieses zweifelhafte Vergnügen gönnten, gehörten Angehörige des englischen Landadels. Einerseits schätzte man, wie bei einem guten Kinothriller, das gemeinsame Gruseln. Andererseits hoffte man auf wertvolle Überraschungen – auf Amulette, Papyrusrollen, Schmuck oder einen hübschen Dolch. Oft allerdings war die Enttäuschung groß, so 1883, als Prinz Friedrich Karl von Preußen, ein Vetter Kaiser Wilhelms II., in sein Jagdschloss geladen hatte. Die in braunes Leinen gehüllte, mindestens zweitausend Jahre alte Mumie lag bröselnd auf dem Billardtisch. Als man sie vorsichtig auswickelte, kam das vertrocknete Antlitz einer jungen Frau zum Vorschein. Allerdings fanden sich keinerlei Beigaben. Man munkelt, die Mumie sei anschließend – wie damals durchaus üblich – zum Einschüren verwendet worden.

Neben der Sphäre des Orients hatte der Eskapismus jener Tage ein zweites bevorzugtes Ziel: die Welt des Mittelalters. Gewaltige Schränke mit

Mittelaltertraum eines Bankiers und Börsenmaklers – die Drachenburg bei Bonn (um 1900)

Fenstern aus Butzenscheiben, Sitzgelegenheiten nach dem Vorbild gotischer Sedilien und Kachelöfen in Form von Ritterburgen fanden reißenden Absatz. Man versah flache Zimmerdecken mit Applikationen, die an die Netzgewölbe mittelalterlicher Kirchenbauten erinnerten, tafelte in »altdeutsch« eingerichteten Stuben und las Bücher über Karl den Großen. Der aus kleinen Verhältnissen stammende Bonner Bankier Stephan von Sarter, als Börsenspekulant und Mitinitiator des Suezkanals reich geworden, ließ sich zwischen 1882 und 1884 auf dem Drachenfelsen bei Bonn, hoch über dem Rhein, eine »Villa« errichten, für deren weitere Ausgestaltung er unter anderem den ehemaligen Kölner Dombauschüler Wilhelm Hoffmann verpflichtete. Das Ergebnis ähnelt Neuschwanstein: Mit seiner Fülle von Türmchen, Erkern und Zinnen präsentiert das veritable Schloss lauter Bauformen, die lange vor der Entdeckung Amerikas gebräuchlich waren. Hinter dem äußeren Erscheinungsbild des Mittelalters versteckt sich jedoch das übliche »Hightech« des neunzehnten Jahrhunderts: Gaslampen, Wendeltreppen aus standardisierten Gusseisenteilen, eine Warmluft-Zentralheizung und ein Dachstuhl aus genieteten Stahlträgern. Überall in Europa entstanden in jenen Tagen Bahnhöfe, die an dreischiffige romanische Basiliken erinnerten – und Postämter nach dem Vorbild des 1314 vollendeten Palazzo Vecchio in Florenz. Das Neue Rathaus in München, dessen Grundstein am zweiundzwanzigsten Geburtstag Ludwigs II. gelegt wurde (25. August 1867), zitiert Bauformen der flämischen Gotik.

In der Musik, die damals eine große Schwäche für das Virtuosentum hatte, fand die Mittelalterbegeisterung ihren Widerhall. Freilich – in jenen Jahren wurden auch der *Radetzkymarsch* (1848), *La Traviata* (1853), *Carmen* (1875) und *Hoffmanns Erzählungen* (1880) uraufgeführt. Neben Charles Gounod, der mit *Faust* (1859) eine Oper komponierte, die »in einer deutschen Stadt im Mittelalter« spielt, griff aber auch Giuseppe Verdi ein entsprechend frühes Thema auf – nämlich *Falstaff* (1893), einen Stoff, der aus dem vierzehnten Jahrhundert stammt und ursprünglich auf William Shakespeare zurückgeht. Als wohl bedeutendster Komponist der Epoche gilt Richard Wagner, der sich – von Ludwig II. großzügig finanziert – die Finger wund schrieb und mit *Tannhäuser* (1845), *Lohengrin* (1850), *Tristan und Isolde* (1865), den *Meistersingern von Nürnberg* (1868), dem *Ring des Nibelungen* (1869–1876) und *Parsifal* (1882) die großen Sagen des deutschen Mittelalters musikalisch in Szene setzte.

Und Ludwig II. selbst? Für ihn war das neunzehnte Jahrhundert mit seiner ungeheuren Vielzahl ausgefallener Moden, Stile und Verrücktheiten ein unerschöpflicher Ideen-, Kostüm- und Requisitenfundus. Er warnte vor der Umweltzerstörung, als es diesen Begriff noch gar nicht gab. Er bediente sich der modernsten Technologien, kaum dass sie erfunden waren. Er wurde, nach den Worten von Gottfried Knapp, zu einer «Junggesellenmaschine«, die »die »Sehnsuchtswellen des modernen Ferntourismus« vorwegnahm, die sich der »naturexotischen Traumerfüllung« verschrieb, die sich ihrer »delirierender Phantasien« nicht schämte. Die Lebensleistung Ludwigs II. als Theaterkönig, Bauherr und Visionär ist beeindruckend. Und Gottfried Knapp hat recht: Man muss wirklich hoffen, dass den Schöpfungen des königlichen Multitalents endlich jene Wertschätzung zuteilwird, die sie »innerhalb der Phantasiewelt des 19. Jahrhunderts längst verdient haben«.

Ein Märchenprinz in grünem Sammetröckchen
Der Thronfolger

Um halb ein Uhr nachts rollte der Donner von hundertundeins Kanonenschüssen über die schlaftrunkene bayerische Haupt- und Residenzstadt hinweg. Schloss Nymphenburg, damals noch weit außerhalb, zwischen Wiesen und Feldern gelegen, erstrahlte in bengalischem Licht. Trotz der späten Stunde machten sich Tausende zu Fuß, zu Pferd, in Ein- und Zweispännern auf den Weg zur Sommerresidenz der Wittelsbacher: Marie, die preußische Gemahlin des bayerischen Kronprinzen Maximilian, hatte glücklich entbunden. Der langersehnte Thronfolger war da – achtzehneinhalb Stunden nach den ersten Wehen! Die Freude im Schlafzimmer der Königin, im ersten Stock des Südlichen Pavillons von Schloss Nymphenburg, schäumte über. Und die frenetischen Hochrufe unter den Fenstern wollten gar nicht mehr aufhören. Besonders stolz soll der frischgebackene Großvater gewesen sein, König Ludwig I. von Bayern, der die Geburt seines Enkels angeblich diskret im Spiegel des Schlafzimmers verfolgte. Denn er feierte an ebendiesem 25. August 1845 seinen neunundfünfzigsten Geburtstag und seinen Namenstag – den Tag des heiligen Ludwig von Frankreich.

Die bemerkenswerte Übereinstimmung blieb niemandem verborgen. Sie evozierte auch gleich die ersten Gerüchte: Hatte der Thronfolger wirklich erst am frühen Morgen des 25. August 1845 das Licht der Welt erblickt? Oder war es dem Hof gelungen, die Niederkunft zwei Tage geheim zu halten, wie da und dort gemunkelt wurde – um so zu tun, als fielen Geburts- und Namenstag von Enkel und Großvater zusammen? Die Rätsel

Der Geburtsort des Märchenkönigs – Schloss Nymphenburg
vor den Toren der bayerischen Hauptstadt

um Ludwig II. beginnen jedenfalls schon an seiner Wiege. Dazu kommt: Er hieß ursprünglich gar nicht Ludwig – sondern Otto. Auf diese Weise wollten die Eltern an die Familientradition anknüpfen, die 1180, mit der Einsetzung Ottos von Wittelsbach als Herzog von Bayern, ihren ersten Höhepunkt erreicht hatte. Letztendlich aber setzte sich der Großvater durch. Aus »Otto Friedrich Wilhelm Ludwig« wurde schon nach einigen Tagen ein »Ludwig Otto Friedrich Wilhelm«. Und damit hieß der Enkel jetzt auch so wie der Großvater.

Die Frage ist allerdings, ob Ludwig II. überhaupt ein Wittelsbacher war. Sein Vater, der damalige Kronprinz und spätere König Maximilian II. von Bayern, soll aufgrund einer vernarbten Eichel zeugungsunfähig gewesen sein. Angeblich hatte er sich 1835, auf einer Kavaliersreise, in einem der berühmten Budapester Bäder die Gonorrhoe, nach anderen Berichten die Syphilis eingefangen. So etwas kam öfter vor, insbesondere bei jungen europäischen Fürstensöhnen. In der Regel wusste man sich auch zu helfen: Damit der jeweilige Familienzweig trotzdem nicht ausstarb und die Nachfolge gesichert blieb, bat man in solchen Fällen einen mindestens so verschwiegenen wie potenten Vertrauten des Hofes, als Erzeuger einzuspringen.

Genauso soll es im Fall Ludwigs II. gewesen sein. Als einer der möglichen Väter gilt Ludwig Samson Heinrich Arthur von und zu der Tann. Geboren 1815 in Darmstadt, war der damals knapp dreißigjährige Hauptmann 1. Klasse ein fescher Mann und absolut loyal: Er diente Kronprinz Maximilian als Adjutant. Die beiden verband eine persönliche Freundschaft. Das sind eigentlich beste Voraussetzungen. Bei Tann und Ludwig II. fallen denn auch gewisse Ähnlichkeiten ins Auge, zum Beispiel die markante Wangen- und Stirnpartie – und die für damalige Verhältnisse erstaunliche Körpergröße. Ludwig II. maß 1,91 Meter. Tann soll ihn sogar noch um vier Zentimeter überragt haben. Außerdem hatten beide denselben Taufpaten – nämlich König Ludwig I. von Bayern.

Andere Kolporteure wollen wissen, der leibliche Vater Ludwigs II. sei der aus Riva am Gardasee stammende Giuseppe Tambosi gewesen. Der »verschmitzte Welschtyroler«, wie ihn Maximilian II. nannte, hatte 1794 das

Leopoldine Tambosi – eine Halbschwester Ludwigs II.?

Licht der Welt erblickt, kam 1809 mit seiner Familie – der Vater war Chocolatier – nach München, heiratete eine Einheimische namens Sophie Mader und zeugte mit ihr zehn Kinder. 1839 wurde er Kammerdiener von König Ludwig I. Zehn Jahre später erhielt er das Amt des Hofkellermeisters. Maximilian II. soll ihn sehr geschätzt und gesagt haben, er könne Tambosi »zu allem vortrefflich gebrauchen«. Jedenfalls erhielt Giuseppe, dessen Bruder Luigi das Café Tambosi am Münchner Odeonsplatz führte, die goldene Medaille des Verdienstordens vom heiligen Michael (1857). Später wurde er in den Hubertusorden aufgenommen (1860) und begleitete Maximilian auf einer Erholungsreise nach Italien (1863). Die dortige Landessprache beherrschte er ja. Sollte Tambosi dem kinderlosen Kronprinzenpaar im Dezember des Jahres 1844 wirklich »beigesprungen« sein, wäre Ludwig II. nach heutigem Verständnis Halbitaliener gewesen.

Spekulationen wie diese gelten in manchen »wissenschaftlichen« Kreisen als unseriös – als Schlüsselloch-Voyeurismus, der mit »besonders trüber Leuchte über dem königlichen Ehebett« hantiert – so der Literaturhistoriker Dirk Heißerer. Immerhin aber wurden die Gerüchte auch von angesehenen Lehrstuhlinhabern wie Karl Bosl zitiert. Die Frage bleibt: Wie dachte Ludwig II. selbst darüber? Dass er das Gerede kannte, steht außer Frage. Philipp zu Eulenburg schreibt im Zusammenhang mit den häufigen Auseinandersetzungen, die Ludwig II. mit seiner Mutter Marie führte: »Die Schamlosigkeit des Königs ging so weit, dass er ihr vorwarf, ihn nicht aus der Ehe mit König Max empfangen zu haben.« Stimmt es, dass Max von Holnstein, ein Jugendfreund, Ludwig II. einst im Streit auf den Kopf zu sagte, kein Wittelsbacher zu sein, während er – Holnstein – wenigstens von einer Bastardlinie dieser Dynastie abstamme? Wenn ja: Hat sich Ludwig II. davon beeindrucken lassen?

Ungewöhnlich ist, dass die eigene Familie in der Ikonographie seiner Schlösser nicht vorkommt: Ludwig II. gab keine einzige Skulptur, kein einziges Abbild eines wittelsbachischen Ahnen in Auftrag. Stattdessen huldigte er einer merkwürdigen Taufgenealogie. Allerdings ist dieses reichlich theoretische Konstrukt, das man als »sophisticated« bezeichnen könnte, durchaus geeignet, das Manko eines falschen Vaters und damit die fehlende dynastische Legitimation zu überbrücken. Denn der Taufpate Ludwigs II., der geliebte Großvater, war seinerseits von König Ludwig XVI. von Frankreich aus der Taufe gehoben worden. Ludwig II. konnte sich über die

Taufgenealogie also auf das altehrwürdige französische Königsgeschlecht der Bourbonen zurückführen, dessen Stammvater, der heilige König Ludwig IX. von Frankreich, zugleich sein Namenspatron war. Wollte Ludwig II. mit dieser auffallend häufig auch in den Schlössern beschworenen Verbindung vergessen machen, dass in seinen Adern gar kein bayerisches Königsblut floss? Oder wollte er auf diese Weise die Schmach tilgen, dass Bayern ein Königreich von Napoleons Gnaden war – eines schillernden Parvenüs, der mitgeholfen hatte, die Bourbonen vom französischen Thron zu fegen?

Möglicherweise lassen sich ja beide Fragen mit einem Ja beantworten. War die angeblich nicht standesgemäße Herkunft Ludwigs II. dann auch der Grund dafür, dass er ein ungewöhnlich ausgeprägtes, reichlich anachronistisches Majestätsbewusstsein entwickelte? Jedenfalls war ihm die Heiligkeit und Unantastbarkeit seiner eigenen Person wichtiger als vieles andere. »Ich, der König, will es«, schrieb er mit herrischer Verve unter zahlreiche Aufträge. Und seinen engsten Mitarbeiter, den Kabinettssekretär, ließ er wissen: »In den Zeitungen werden die Pronomen ›Sein‹ oder ›Er‹, wenn sie die Majestät betreffen, immer klein gedruckt, diesen Unfug möchtest du abstellen.«

Eine geradezu absurd wirkende Zurschaustellung seines Selbstbildes erlebte, laut einem Bericht von Eulenburg, die Schauspielerin Clara Ziegler. Die berühmte Tragödin, gefeiert für ihre unnachahmliche Mimik, hatte in einem Theaterstück, dem Ludwig II. beiwohnte, unter anderem den Satz zu sagen: »Diese Krone ist mir von Gott gegeben – und kein Mensch darf sie mir rauben.« Einige Wochen später erhielt sie angeblich um zwei Uhr nachts den königlichen Befehl, »unverzüglich« in die Münchner Residenz zu kommen. Als die mächtige Tür zum Thronsaal Ludwigs I., dem heutigen Herkulessaal, geöffnet wurde, stand Ludwig II. in vollem Königsornat vor ihr, »die Krone auf dem Haupt, den Purpurmantel um die Schultern, das Zepter in der Hand. Er zeigte, als sie eintrat, auf die Krone, indem er die Worte aus dem Drama wiederholte: ›Diese Krone ist mir von Gott gegeben – und kein Mensch darf sie mir rauben.‹ Damit war die seltsame Audienz beendet. Die Türen schlossen sich.«

Tatsächlich wollte Ludwig II. nach dem Zeugnis Gottfried von Böhms schon als Kind »immer der erste sein, und wenn Fronleichnamsprozession gespielt wurde, schritt er bereits in der stolzen Art einher, die ihm später eigen war«. Außerdem beanspruchte er gegenüber seinem drei Jahre jüngeren Bruder, der nun tatsächlich auf den Namen Otto hörte, »das Vorrecht in allen Dingen«. Otto – hübsch, charmant und gewitzt – wusste sich zu behaupten und »lehnte sich zuweilen auf, warf wenigstens seine Handschuhe in den Wagen, bevor sein Bruder Ludwig ihn bestieg, und wollte nicht zugeben [gestatten], dass Ludwig sich sogar ein Recht auf Schneebälle anmaßte, die doch er, Otto, gefertigt hatte. Im Sommer 1857 kam es bei einem Aufenthalt der königlichen Familie in Berchtesgaden zu einem ernsten Streit. Als der ›Vasall‹ Otto ihm wieder den Gehorsam versagte, band Ludwig ihn an Händen und Füßen, steckte ihm einen Knebel in den Mund und wollte ihn ›hinrichten‹. Glücklicherweise kam ein Hofbeamter dazu; der Vater verhängte über den Kronprinzen eine so strenge Strafe, dass diesem Berchtesgaden für immer verleidet wurde.«

»Wir haben vor unserem Vater gezittert«, meinte Ludwig II. in der Rückschau. Maximilian II. folgte der damals gängigen Erziehungsmaxime. Sie lautete: »Ohne Stock und Rute wächst in Kindern nicht das Gute.« Der blutleere Wittelsbacher, der lieber Gelehrter als König geworden wäre, galt als nüchtern und humorlos. Manchen Zeitgenossen war er sogar unheimlich. Nach der wohl bizarrsten Geschichte, die man sich erzählt, besaß er im Obergeschoss der Münchner Residenz ein Geheimkabinett, in das er allabendlich über eine hinter Tapetentüren verborgene Wendeltreppe hinaufgestiegen sein soll. Niemandem, so heißt es, sei erlaubt gewesen, ihm zu folgen. Denn inmitten des düsteren, kapellenähnlichen Gemachs stand angeblich sein bevorzugtes »Memento mori«: der hölzerne Innensarg, in dem er heute beigesetzt ist. In diesem soll der König hin und wieder genächtigt haben – zur Beförderung seiner Bußfertigkeit, wie man hört.

Zu Ludwig und Otto fand er keinen persönlichen Draht: »Der König sah seine beiden Söhnchen des Tages nur ein- oder zweimal, mittags beim zweiten Frühstück und abends bei der Hoftafel, gar selten in den Zimmern, wo sie aufwuchsen. Dabei reichte er ihnen meist nur die Hand zum Gruße und empfahl sich schleunigst«, schreibt Franz von Pfistermeister, der langjährige Kabinettssekretär, in seinen Erinnerungen.

Der Mutter, einer Cousine Wilhelms I., des späteren deutschen Kaisers, stellte der Beamte ein ähnlich vernichtendes Zeugnis aus: »Königin Marie besuchte ihre Söhne zwar häufig in ihren Zimmern, wusste sich aber nicht mit ihnen zu beschäftigen.« Über die Jahre wurde das Verhältnis nicht besser. Ludwig II. opferte sein ganzes erstes Taschengeld, um ein Medaillon

Das angebliche väterliche Geheimkabinett –
Maximilian II. bei der Meditation an seinem Sarg

für sie zu kaufen, erkannte ihr nach seiner Thronbesteigung statt des Titels der »Königin-Witwe« den einer »Königin-Mutter« zu und ließ an Weihnachten nach dem Tod ihres Gatten Maximilians II. eine riesige Tanne unter ihrem Fenster im Glanz Hunderter von Lichtern erstrahlen. Trotzdem fanden die prosaische Marie und der schwärmerische Ludwig II. nicht zueinander. So berichtet Böhm über die Königin: »War sie schon den hohen Bestrebungen des Gemahls auf geistige Erhebung fremd gegenübergestanden, so erschien ihr das phantastische Tun und Treiben des Sohnes vollends gar unverständlich, und es erging ihr wie der hausbackenen Henne der Fabel, die kopfschüttelnd und Protest gackernd dem Fluge des ausgebrüteten Schwans ins Blaue zusehen musste.« Ludwig II. beschwerte sich regelmäßig über das »nörgelnde Wesen« seiner Mutter und bezeichnete sie, wenn sie wieder einmal herrisch aufgetreten war, als »den Oberst des 3. Artillerieregiments« oder als »Inbegriff aller Zuwiderheiten«.

Zur mangelnden Empathie der Eltern kam die törichte Überzeugung jener Tage, Kinder müssten sich in Härte und Entsagung üben. Ludwig II. und sein Bruder durften sich beispielsweise nicht satt essen. Deswegen waren die beiden Buben höchst erfreut, wenn ihnen, wie Böhm berichtet, »die treue Wärterin Lisi und Lakaien zuweilen Proviant aus der Stadt mitbrachten oder etwas von ihrer reichlicheren Kost mitteilten [übrig ließen]. Wiener Feuilletonisten wussten später rührende Geschichten zu erzählen von Fasttagen, die über den Kronprinz verhängt wurden, von einer Schildkröte, an der sein Herz hing und die ihm entzogen wurde, weil sie ihn zerstreute. Dabei mögen Übertreibungen unterlaufen sein, aber es ist Tatsache, daß Maximilian II. seinen Erstgeborenen mehr durch Strenge entfremdete als durch Milde erzog.«

Außerdem war Maximilian II. noch von jenen *Väterlichen Ermahnungen* geprägt, die einer seiner Vorfahren – der bigotte, zutiefst misanthropische Kurfürst Maximilian I. – im siebzehnten Jahrhundert niedergeschrieben hatte. Schon das Eingangskapitel offenbart, dass die Religion in dieser Schrift als Instrument der Züchtigung dient: »Du wirst gottesfürchtig seyn, wenn du seine schrecklichen Gerichte gegen die Menschenkinder mit achtsamem Ernste erwägest. Deine Gottesfurcht wird um so ehrerbietiger seyn, wenn Du bedenkst, daß Gottes unermessliche Majestät, vor welcher nichts verschlossen und verborgen ist, deinen Sinn durchdringt und deine geheimsten Gedanken durchschaut. So wirst du einen tausendfachen Tod einer einzigen Beleidigung Gottes vorziehen und auch durch den Abscheu gegen jede geringere Sünde beweisen, daß du Gott und das Heil deiner Seele höher achtest als alle sinnlichen Genüsse, als alle Güter der Erde, höher als das Leben selbst.«

Unbeschwerte Tage waren also selten. Aber es gab sie – beispielsweise, wenn Billardspielen mit der Familie oder ein Ausflug zu einer der väterlichen Berghütten angesagt waren. Bei solchen Gelegenheiten frönte Ludwig II. dem neuen Volkssport namens Schwimmen und durchmaß den ganzen Plansee. Er stand um halb fünf Uhr morgens auf und ging zum Fischen. Oder er wanderte, begleitet von den nächsten Angehörigen, auf Schusters Rappen durch die bayerischen Alpen. Königin Marie hatte sich zu diesem Zweck praktische »Beinkleider« schneidern lassen. Selbige galten als ungeheuerliches Novum und wurden im ganzen Land besprochen.

In jenen Tagen zeigten sich erstmals auch die Vorlieben der beiden Söhne. »Des Prinzen Otto Lieblingsspielzeug waren Bleisoldaten«, berichtet Marie Schultze, eine Vertraute der Mutter. Ludwig II. hingegen freute sich daran, »ein heiliges Grab aufzustellen, es zu schmücken und mit Lichtern zu versehen«. Ergänzend heißt es in den Aufzeichnungen, die die schreibselige Königin Marie für die Familienchronik verfasste, Ludwig II. habe sich »gern als Klosterfrau« kostümiert, »Freude am Theaterspielen«, am Betrachten von Bildern und am Anhören von Geschichten gezeigt. Am meisten nahm ihn der Baukasten gefangen, den ihm der Großvater an Weihnachten 1852 unter den Christbaum gelegt hatte. Ludwig I. war selbst

Die Königin in Beinkleidern – Marie mit ihren Söhnen Ludwig und Otto am Aussichtspunkt »Auf der Jugend«, dem heutigen Standort von Schloss Neuschwanstein (Lorenzo Quaglio, *Blick auf Hohenschwangau,* 1856)

ein großer Freund der Architektur. Seit seiner Abdankung im Jahr 1848 nannte er sich scherzhaft »beurlaubter Hofbaurat von München« und ließ es sich nicht nehmen, sein »Isar-Athen« mit weiteren städtebaulichen Schmuckstücken zu beglücken – etwa mit der Abtei St. Bonifaz (1850), der Neuen Pinakothek (1853) oder den Propyläen am Königsplatz (1862). Entsprechend angetan war er, dass der Enkel ganz offensichtlich die gleiche Leidenschaft entwickelte: »Zu bauen liebt er«, schreibt Ludwig I. in einem Brief an seinen Zweitgeborenen, den damaligen König von Griechenland. »Vorzüglich, überraschend, mit gutem Geschmack sah ich Gebäude von ihm ausgeführt. Ich erkenne auffallende Ähnlichkeiten im künftigen Ludwig II. mit dem politisch-todten Ludwig I.«

Das Schlafzimmer teilte Ludwig II. in jenen Jahren mit seinem Bruder Otto. Außerdem verfügten die beiden, die von ihren Fenstern mit anhal-

»Zu bauen liebt er« – der spätere Ludwig II.
in seinem Kinderzimmer

tender Begeisterung auf die Köpfe der Hofbediensteten hinunterspuckten, über einen blau bespannten Salon mit Louis-seize- und Empiremöbeln. Dort standen der große Käfig für die Eichhörnchen und ein Schreibtisch, an dem Ludwig II. schon im Alter von zehn Jahren Briefe in französischer Sprache schrieb – seitenlang und mit so akkurater Hand, dass sie aussahen wie gedruckt.

Um auseinanderhalten zu können, was Otto und was Ludwig II. gehörte, hatte Marie »für jeden ihrer Söhne eine Farbe bestimmt, für Otto die rote, für Ludwig die blaue, bei Einbänden von Büchern, Zeichnungs- und Musikheften, bei Mappen, kleinen Schmuckgegenständen u. s. w.«, berichtet Luise von Kobell.

Sie registrierte auch, dass »ein längeres Augenleiden und ein Selbstüberlassensein« dem späteren Ludwig II. häufig Gelegenheit gab, »wachend zu träumen. ›Aber Euere Königliche Hoheit müssen sich ja ohne jegliche Beschäftigung langweilen, weshalb lassen Sie sich nicht etwas vorlesen‹, fragte ihn eines Tages der Stiftspropst von Döllinger, da er den Kronprinzen allein auf dem Sofa sitzend, im dunklen Zimmer antraf. ›O ich langweile mich gar nicht‹, gab Ludwig zur Antwort, ›ich denke mir verschiedene Dinge aus und unterhalte mich sehr gut dabei‹.« Ignaz von Döllinger – einer der bedeutendsten katholischen Theologen seiner Zeit und gleichzeitig einer der Lehrer Ludwigs II. – stellte denn auch als Erster fest, dass sein Zögling »der Kunst wohl näher stand als dem Leben, dem Reich der Phantasie näher als der Wirklichkeit«.

Das bestätigt Otto von Bismarck, der den neunzehnjährigen Kronprinzen bei einem Besuch in Nymphenburg als Tischnachbarn erlebte: »Ich hatte den Eindruck, daß er mit seinen Gedanken nicht bei der Tafel war und sich nur ab und zu seiner Absicht erinnerte, mit mir eine Unterhaltung zu führen. Gleichzeitig glaubte ich in dem, was er sagte, eine begabte Lebhaftigkeit und einen von der Zukunft erfüllten Sinn zu erkennen. In den Pausen des Gesprächs blickte er über seine Frau Mutter hinweg an die Decke und leerte ab und zu hastig ein Champagnerglas, dessen Füllung, wie ich annahm, auf mütterlichen Befehl verlangsamt wurde, so daß der Prinz mehrmals sein leeres Glas rückwärts über seine Schultern hielt, wo es zögernd wieder gefüllt wurde. Ich hatte das Gefühl, daß die Umgebung ihn langweilte und er den von ihr unabhängigen Richtungen seiner Phantasie durch den Champagner zu Hilfe kam.«

> Stimmen von heute: Ludwig II., ein Alkoholiker?
>
> Paula Bosch ist die Herrin der Flaschen. »Deutschlands bekannteste Sommelière« war zwanzig Jahre lang für den Weinkeller des Münchner Sternelokals Tantris verantwortlich. Ihre wöchentliche Kolumne im Magazin der *Süddeutschen Zeitung* brachte es zu Kultstatus: Wenn sie einen exzellenten Tropfen empfahl, war er im Handel oft schon nach wenigen Stunden ausverkauft. Als freie Consultantin schreibt Paula Bosch, Autorin des Longsellers *Weingenuss*, nach wie vor für Gourmet- und Fachzeitschriften. Außerdem ist sie für den *Bayerischen Rundfunk* als Wein-Kommentatorin tätig.
>
> Ludwig II. hat verschiedene Rheingauer Hochgewächse sehr geschätzt, den Markobrunner, den Geisenheimer, den Hochheimer und den Rauenthaler Berg. Spielen die heute noch eine Rolle?

Das ist die Crème de la Crème, das ist vom Allerbesten. Schon Queen Victoria hat geschrieben: »A good Hock keeps off the doc« – ein guter (Rheingauer) Weißwein hält den Doktor fern. Rheingauer Riesling hat sie also vermutlich ohne Ende getrunken. Und wenn man von den Lagen ausgeht, sind das alles Spitzengewächse. Die Weine hatten damals weniger Alkohol als heute, waren aber trotzdem lagerfähig. Normalerweise hat man die großen Weine allerdings nicht gleich getrunken, sondern erst einmal für fünf oder zehn Jahre im Keller liegen lassen.

Ludwig II. soll zwei Champagnersorten bevorzugt haben: den Ruinart père et fils und den Moët et Chandon œil de perdrix. Was weiß man über diese Tropfen?

Ruinart ist nach wie vor ein Familienbetrieb. Ihm gehören die ältesten Kreidekeller in der Champagne. Es ist ein exzellentes Unternehmen mit sehr guten Qualitäten. Moët et Chandon œil de perdrix muss ein rosaschimmernder Champagner gewesen sein. Œil de perdrix heißt so viel wie »die Farbe eines Rebhuhnauges«. Es gibt heute noch einen Roséwein, der so bezeichnet wird.

Außerdem genehmigte sich Ludwig II. angeblich gerne einen Cognac mousseux.

Es gibt heute von Moët et Chandon ein Produkt in kleinen Fläschchen, mit Cognac versehen, das leicht moussierend ist. Es könnte durchaus so etwas gewesen sein – Cognac mit Schaumwein versetzt.

Immer wieder hört man, Ludwig II. sei Alkoholiker gewesen. Theodor Hierneis und Otto von Bismarck stellen das zwar in Abrede. Aber es gibt die Aussage des Kammerdieners Mayr, wonach der König vor seiner Festnahme in den frühen Morgenstunden des 12. Juni 1886 »viel Rum mit Gewürznelken (eine Kanne ungefähr, eine Flasche enthaltend) und eine Flasche Champagner getrunken« habe. Außerdem wird darauf verwiesen, dass Ludwig zu seiner »Henkersmahlzeit« wenige Stunden vor seinem Tod, einem viergängigen Menü, »einen Becher Wein, zwei Glas Maiwein, drei Glas Rheinwein und zwei Gläschen Arrak« getrunken habe. Das hört sich nach viel an.

Wenn er ein Menü gehabt hat – er war ja ein Gourmet –, dann hat er das alles nacheinander getrunken. Und das ist in Ordnung. Denn offenbar hat es zu jedem Gang einen etwas volleren, reicheren, kräftigeren Wein gegeben. Maiwein, das deutet auf die erste Abfüllung hin. Das muss ein ganz junger Wein gewesen sein. Dann Rheingauer Wein – der ist im Allgemeinen einfach etwas schwerer als die anderen Weine. Und Arrak, das ist so etwas wie Rum. Nein, viel ist das nicht! Und wenn von Bechern die Rede ist, denken Sie an die Kelche und Silberbecher, aus denen man damals getrunken hat. Das sind maximal 0,2 Liter. Von ärztlicher Seite aus dürfen wir Frauen im Durchschnitt 0,2 Liter trinken – 0,3 Maximum –, die Männer dagegen 0,5 Liter. Aber es ist eine Frage der Körpergröße und des Umfangs, wie viel ein Mensch verträgt.

Ludwig II. war 1,91 Meter groß und soll zuletzt um die 140 Kilogramm gewogen haben.

Dann hat er das gut weggesteckt. Bedenken Sie: Damals hat man ja auch noch sehr viel fetter und schwerer gegessen. Da war ein Schnaps zur Verdauung durchaus sinnvoll. Und damals war es auch viel kälter. Der Grundumsatz war sehr viel höher. Da bekommen Sie schnell wieder Hunger, weil der Körper ganz anders arbeitet.

In jenen Jahren soll Ludwig II. eines Abends den Friedhof des ungeliebten Berchtesgaden aufgesucht haben, um, »angezogen von dem mystischen Reiz, beim Mondlicht inmitten der Gräber und Kreuze« zu schwärmen. Frau Luna hatte es ihm ohnehin angetan. Als er – König geworden – in einer »herrlichen Mondnacht« mit dem Zug nach Starnberg fuhr, um in Schloss Berg Quartier zu nehmen, ließ er bei Pasing anhalten und bestieg den unüberdachten Führerstand der Lokomotive, um die weitere Strecke unter freiem Himmel zurückzulegen.

Ludwig II. war ein Schöngeist. Er schrieb schon als Jugendlicher sprachlich geschliffene Gedichte und konnte wunderbar zeichnen: Im Geheimen Hausarchiv haben sich eigenhändige Entwürfe für eine Uhr, eine Schale und einen Schwan erhalten. Die in jungen Jahren offenbar gewordene »Gewandtheit des Verstandes und der Rede« behielt er bis zum Schluss, ebenso seine schnelle Auffassungsgabe und sein »geradezu phänomenales Gedächtnis«. Bereits als Achtjähriger konnte er ganze Balladen von Goethe, Schiller und Rückert auswendig aufsagen – und offensichtlich hatte er auch den Inhalt verstanden. Die Geburtstagsgeschenke kamen seinen Neigungen entgegen. 1859 lagen laut seiner Aufzeichnungen »ein Bild, den Abschied des Schwanenritters darstellend, die Ruine Ehrenberg in Holz geschnitzt, Westenknöpfe von lapis lazuli und Hemdknöpfe, worauf verschiedene Thiere sind«, auf dem Gabentisch.

Tiere mochte er überhaupt gerne: Unter den Posten des Ausgabenbüchleins, das er als Kronprinz führte, finden sich unter anderem »Maikäfer« und »Brot für Fische, Schwäne und Hirsche im Schloßpark zu Nymphenburg«. Besonders angetan hatten es ihm die Pferde – und natürlich das Reiten. Nach einem Bericht im illustrierten Familienblatt *Die Gartenlaube*, damals die meistverbreitete Publikumszeitschrift in Deutschland, sah man Ludwig II. in jenen Jahren oft »wie einen Märchenprinzen in grünem Sammetröckchen auf einem feurigen arabischen Hengst durch die Wälder jagen, so rasch, daß ihm seine Diener kaum zu folgen vermochten«. Das Itinerar Ludwigs II. listet in den ersten Jahren seiner Regierung zahllose, teilweise mehrtägige Reitausflüge auf. Die Ziele lagen im bayerischen Oberland, im Allgäu und in Tirol. Im Spätherbst 1865 ritt Ludwig II. bis in die Schweiz.

Im Februar 1868 berichtet Ferdinand von Trauttmansdorff, der österreichische Gesandte in Bayern, erstmals über ›virtuelle‹ Reitausflüge Lud-

Übung macht den Meister – Skizzenblatt des etwa
vierzehnjährigen Ludwig

wigs II.: »Am Tage ist jetzt Photographieren seine Lieblingsbeschäftigung und in der Nacht das Reiten in der beleuchteten Hofreitbahn. Diese Reitübungen und die bizarren Nebenumstände, welche dieselben begleiten, bilden das vielfältig und böswillig kommentierte Stadtgespräch. Der König erfasst dabei den Gedanken, die Reise an einen bestimmten Ort zu Pferde zu machen, berechnet die Distanzen im Verhältnis zum Umfange der Reitbahn und reitet dann mehrere Nächte hintereinander von 8 Uhr abends bis 2, 3 Uhr früh, gefolgt von einem Reitknecht, in der Bahn fort und fort, hält nach einigen Stunden an und läßt sich in die Bahn ein frugales Souper bringen und reitet dann wieder weiter, bis er nach der Distanzberechnung an seinem Reiseziel angelangt ist. Der Reitknecht, der letztlich mit dem Könige in der Reitbahn ›von München nach Innsbruck‹ geritten war, erhielt für diese Begleitung eine goldene Uhr mit Kette.«

Ludwig II. hatte als Kronprinz vor der Kamera des Hoffotografen Joseph Albert allerlei monarchische Posen ausprobiert und saß inzwischen seit fast vier Jahren auf dem bayerischen Thron. Die breite Öffentlichkeit glaubte von einem König erwarten zu dürfen, dass er sich als oberster Befehlshaber, Repräsentant und Landesvater in Szene zu setzen wusste, eine gebärfreudige Gemahlin an seiner Seite hatte und seiner dynastischen

Ein vorzüglicher Reiter – ganze Tage ist der junge König
auf dem Pferd unterwegs

Pflicht nachkam, einen Thronerben zu zeugen. »Schneidig« durfte er auch gerne sein. Ludwig II. hingegen war nichts davon. Das Wort »schneidig« konnte er, so Kobell, schon gar nicht leiden. Andererseits zählte er in jenen Tagen gerade einmal zweiundzwanzig Lenze. Wollte man ihm wirklich seine spielerische Versponnenheit zum Vorwurf machen? Gingen andere Gleichaltrige nicht ähnlich einfallsreichen Vergnügungen nach?

Ludwig II. war der jüngste König, der Bayern je regierte. Gut vorbereitet konnte man ihn nicht nennen. Im August 1863 hatte die Familie in Hohenschwangau seine Volljährigkeit gefeiert. Wenige Wochen später hörte er an der Münchner Universität seine ersten Vorlesungen – unter anderem Physik und Geschichte der Philosophie. Die übliche »Kavalierstour« und der eigentliche Militärdienst standen ihm erst noch bevor. Da starb am 10. März 1864 sein Vater, König Maximilian II., im Alter von zweiund-

11. März 1864, zehn Uhr – Ludwig II. leistet seinen Eid als König

fünfzig Jahren. Die Beamten des Hofes sprachen von »Hitzblattern«, die Mediziner von einer »rasch sich ausbreitenden Rotlauferkrankung auf der Brust«. In Wirklichkeit, so verlautete aus der Gerüchteküche, sei Maximilian II. vergiftet worden – mittels einer präparierten Nadel, die beim »Anheften eines Ordens« nur eine winzige Hautverletzung hinterlassen, dann aber rasch ihre tödliche Wirkung entfaltet habe. Allerdings blieb unklar, welche Motive und welche Täter hinter einem solchen Anschlag stecken könnten.

Am 11. März 1864, Schlag zehn Uhr, leistete der sichtlich mitgenommene Ludwig II. jedenfalls den Eid auf die Verfassung und war damit – weil es eine Krönung in Bayern nicht gab – der neue, in voller Verantwortung stehende König. Der Dramatiker Karl von Heigel, 1881 von Ludwig II. geadelt, fasste den plötzlichen Thronwechsel später »in ein kolportagehaftes, aber deutliches Bild«: »Am Morgen des neunten März 1864 musste der junge Prinz zur Strafe für ein nachlässig gearbeitetes Pensum den Kaffee ohne Zucker trinken, am anderen Tage ging er weinend vom Totenbette seines Vaters, die Großwürdenträger der Regierung und des Hofes aber nannten ihn zum erstenmal ›Majestät‹.«

Die offizielle Bekanntgabe der Thronübernahme erfolgte noch am Nachmittag des 10. März 1864: Der Reichsherold ritt durch die Straßen Münchens und verkündete – von Hoftrompetern in mittelalterlichen Kostümen begleitet – den Regierungsantritt Ludwigs II. Innerhalb von drei Tagen wurden siebentausend Fotografien des neuen Königs und seines Vaters verkauft. Das Bildnis Ludwigs II., des »Engels auf dem Thron«, schmückte die Auslagen der Münchner Kunsthandlungen, davor drängelten sich die Massen. Jetzt wusste jeder, wie der neue König aussah: Ein »Jüngling, übergossen vom Reiz jugendlicher Schöne, Adel in Antlitz und Gestalt, mit üppig dichtem, braunen Haar und einem wahrhaft prachtvollen Auge voll Geist und Seele«, notierte der neuernannte Justizminister Eduard von Bomhard im September 1864. Ludwig II. eroberte die Herzen seiner Untertanen im Sturm und wurde hymnisch gefeiert:

> *Hebt ihn auf's Schild, tragt ihn auf euren Händen*
> *und ruft ihm zu in dichtgedrängter Schar:*
> *Was Max begann, du magst es nun vollenden!*
> *Fleug auf zum Licht, du junger Königsaar!*

Als sich Ludwig II. bei der Fronleichnamsprozession erstmals einer großen Öffentlichkeit zeigte, stand nicht der Münchner Erzbischof mit dem Allerheiligsten im Mittelpunkt des Interesses, sondern der bildhübsche König. Auch sein erstes Erscheinen beim Münchner Oktoberfest, »zu welchem er [am Sonntag, dem 2. Oktober 1864] aus Schloß Berg um 1 Uhr nachmittags unter dem Donner der Geschütze« eintraf, entfachte nach den Berichten eines Zeitgenossen »tausendstimmigen Jubel«. Königin Marie aber, die Mutter, bemerkte skeptisch: »Max starb zu früh.«

Das Bulyowsky-Luder soll sich zum Teufel scheren
Die Liebe

Der neue König machte eine ausgezeichnete Figur – und er war fleißig: »Nach einem Morgenbesuch bei der ›Königin-Mutter‹ nahm Ludwig Vormittag 9 Uhr den Vortrag seines Sekretärs entgegen und empfing an jedem Wochentag je einen anderen Staatsminister, um mit ihm persönlich die laufenden Geschäfte zu besprechen. Im jugendlichen Feuereifer, alles rasch zu erledigen, ließ der König anfangs sogar öfters im Tage im Kabinette anfragen, ob von den Ministern keine Anträge zur Unterschrift gekommen seien«, berichtet Luise von Kobell. Der Wahlspruch Ludwigs II. lautete:

> *Freiheit dem Wort,*
> *den Wissenschaften Schutz,*
> *den Lorbeer jeder edlen Kunst,*
> *den Armen väterliche Fürsorge.*

Dieses Motto nahm er auch ernst. Schon im ersten Jahr seiner Regierung amnestierte er politische Häftlinge, die seit den Märzunruhen von 1848 im Gefängnis saßen. Vier Jahre später gründete er die von seinem Vater initiierte »Polytechnische Schule«, die heutige Technische Universität München, eine der renommiertesten Studienstätten Europas. 1878 rief er den Bayerischen Verwaltungsgerichtshof ins Leben, der die Bürger kostenlos vor behördlichen Übergriffen und Fehlanordnungen schützte. Außerdem ließ Ludwig II. täglich mehrere hundert Bedürftige speisen. Er übernahm das Protektorat über den Münchner Tierschutzverein, verhinderte die Zerstörung der 1867 zum Abbruch freigegebenen Kirche Sankt Bartholomä am Königssee und setzte sich für eine allgemeine Religionsfreiheit ein. Er unterstützte die Emanzipation der Juden und erließ als einer der ersten deutschen Fürsten »die strengsten Maßregeln« gegen jegliche Form von Antisemitismus. Er half auch ganz konkret: Der damaligen israelitischen Kultusgemeinde in München stellte er ein Grundstück in der Nähe des Karlstors zur Verfügung, damit die neue Hauptsynagoge in repräsentativer Lage errichtet werden konnte. Denn das jüdische Leben sollte im Stadtbild sichtbar sein und auf diese Weise von seiner Bedeutung für Wissenschaft, Kultur und Gesellschaft in Deutschland künden.

Von der späteren Menschenscheu des Königs war noch nichts zu bemerken. Im Gegenteil. Jedermann hatte Zutritt zu ihm. Ludwig II. gewährte pro Woche Dutzende von Audienzen und zeigte sich laut Kobell »allenthalben so leutselig«, charmant und geistreich, »daß Männer der verschiedensten politischen Richtungen von ihm bezaubert wurden.« Auch der Münchner »Dichterfürst« und spätere Literaturnobelpreisträger Paul Heyse – er kannte Ludwig II. schon seit dessen Kronprinzenzeit – war angetan: »Was er sagte, war frei von jeder Spur von Verlegenheit. Er besaß ein außergewöhnlich sicheres Urteil über diejenigen, die in seine Nähe kamen, und eine Menschenkenntnis, die geradezu wunderbar erscheinen mußte in Anbetracht dessen, daß er so einsam und fern der Welt erzogen worden war.«

Nach dem Urteil seines späteren Kabinettssekretärs Friedrich von Ziegler durchschaute Ludwig II. beispielsweise »auf den allerersten Blick, ob jemand ein heller oder ein Hohl-Kopf war«. Außerdem war er für »Schmeicheleien«, wie Kobell berichtet, »wenig zugänglich«. Umgekehrt wusste er seine Gesprächspartner nach allen Regeln der Kunst »einzuseifen«. Diesen Ausdruck gebrauchte der König vor allem dann, wenn er irgendetwas durchsetzen wollte und zu diesem Behufe seine ganze Liebenswürdigkeit in die Waagschale zu werfen gedachte. In den meisten Fällen dürfte seine Freundlichkeit echt gewesen sein. Wenn er mit seinem Kabinettssekretär wieder einmal bis weit nach Mitternacht konferiert hatte, gab er ihm beispielsweise für die Gattin, in diesem Fall Luise von Kobell, »bei dem Abschiede dann und wann einen im Wintergarten gepflückten Veilchenstrauß, eine reizende Schmuck- oder Nippsache« mit.

Ein besonders großes Herz scheint Ludwig II. für die »einfachen Leute«

Der Nachwelt gerettet – Ludwig II. verhindert den Abbruch
von Sankt Bartholomä am Königssee

gehabt zu haben – und zwar bis zum Schluss. Fritz Schwegler, sein letzter Vorreiter, erzählt: »Wenn wir auf unserer Fahrt durch die einsame, verschneite Landschaft einen Bauern, Holzfäller oder Jäger trafen, sofort ließ Ludwig anhalten, entstieg seiner reichverzierten Barockkutsche oder seinem Schlitten, reichte dem Begegneten die Hand und erkundigte sich interessiert nach seinen Verhältnissen, nach seiner Familie oder nach seinen Sorgen. Meist drückte er ihm dann noch ein Geldstück in die Hand oder ließ ihm einige Zigarren, die wir stets bei uns führten, aushändigen, stieg dann wieder ein, und weiter ging unsere Fahrt.« Einen ähnlich jovialen Umgang scheint Ludwig II. mit den Künstlern und Handwerkern auf den

Baustellen seiner Schlösser gepflegt zu haben. »Oft und oft konnte ich es erleben, wie Ludwig II. uns Malern, Schnitzern, Stukkateuren persönlich eine Erfrischung auf dem Tablett brachte, wenn wir manchmal so intensiv beschäftigt waren, daß wir nicht einmal Hunger und Durst verspürten«, so der Holzschnitzermeister Daniel Bernhard, der für Ludwig II. den Muschelkahn für die Grotte im Park von Schloss Linderhof schuf. »Zu mir selbst sagte der König bei solch einer Gelegenheit: ›So, Bernhard, jetzt machen S' aber einmal eine Pause und stärken S' sich.‹«

Neben dieser sehr persönlichen Seite gab es die offizielle: Ludwig II. wusste sich durchaus als Majestät in Szene zu setzen, wenn er den Anlass dazu für gegeben hielt. So notierte Gottfried von Böhm 1867 in seinem Tagebuch: »Der König erregte am Fronleichnamstag durch seinen sonderbaren, alle Grenzen des Natürlichen sprengenden Gang allgemeine Verwunderung. Weit ausschreitend warf er seine langen Beine von sich und trat dann mit dem Vorderfuß auf, als wolle er mit jedem Tritt einen Skorpion zermalmen. Dabei streckte er den Kopf ruckweise seitwärts und senkte ihn dann automatenhaft auf die niedere Erde herab.« Am Hof amüsierte man sich über den merkwürdigen, laut Böhm »von Herrschergefühl« durchtränkten Gang. Als der bayerische Diplomat Hugo von und zu Lerchenfeld-Köfering nach einem längeren Auslandsaufenthalt den König erstmals wiedersah und ungläubig dessen »starkes Stampfen« auf dem Weg ins Hoftheater beobachtete, meinte ein Münchner Beamter: »So geht es schon lange. Er sagt, das zieme so dem König, das sei der Königsschritt.«

Auch die Frisur gehört zur »Kunstfigur« des Märchenkönigs, zu der sich Ludwig II. selbst stilisierte. Von Natur aus hatte er glatte Haare. Die ondulierten Locken trug er erst ab 1862. Der Friseur war deshalb bis zuletzt einer der wichtigsten Männer am Hof. In der Folge galt der König als »un peu trop bien coiffé« – »ein wenig zu gut frisiert« –, wie der französische Schriftsteller Catulle Mendès 1881 spitz bemerkte. Auch in diesem Fall orientierte sich Ludwig II. an Ludwig XIV. von Frankreich, erläutert Böhm: »Wie der ›Roi Soleil‹ ein eigenes Kabinett hatte, in welchem er im Lauf des Tages zu verschiedenen Malen die Perücken wechselte, so ließ sich auch Ludwig II. täglich wenigstens einmal frisieren und – was damals eine verbreitete Mode war – die Haare brennen, insbesondere bevor er sich zur Tafel begab. Es schmecke ihm sonst das Essen nicht, äußerte er einmal.«

Ähnlich wichtig war dem König die Körperpflege. Sein anglophiler

Vater hatte – nach dem Vorbild britischer First-Class-Hotels – in Hohenschwangau, dem Sommersitz der Familie, eines der ersten modernen Badezimmer Mitteleuropas samt Dusche einbauen lassen. Ludwig II. war also vergleichsweise zivilisiert aufgewachsen und folgte den hygienischen Grundsätzen des Vaters: Er badete täglich. Bei seinen Aufenthalten in Schloss Berg benutzte er einen modernen »Waschapparat« – eine Badewanne samt Boiler und Dusche. In Neuschwanstein stand ihm sogar eine Toilette mit Wasserspülung zur Verfügung.

Außerdem verwendete er schwere Parfums mit den damals üblichen Kopf-, Herz- und Basisnoten Bergamotte, Zitrone, Patschuli, Vetivergras, Eichenmoos, Sandelholz, Rose und Jasmin – aber auch das leichte, frische Eau de Cologne aus der Fabrikation des Kölner Unternehmens Johann Maria Farina gegenüber dem Jülichsplatz, damals »privilegierter Hofliefe-

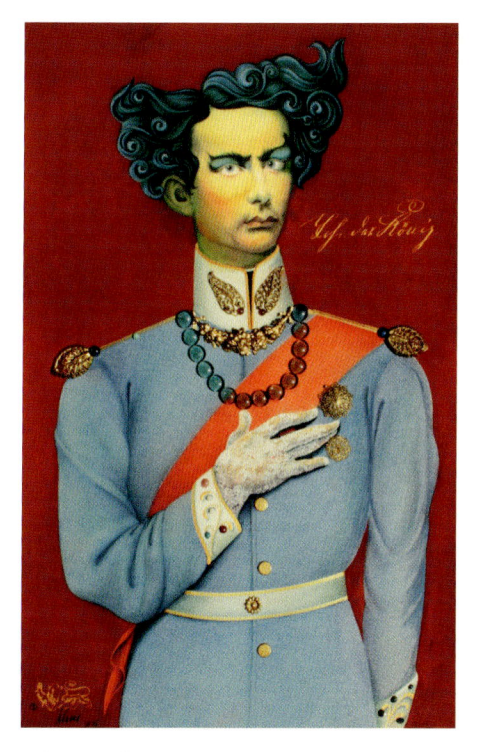

Jeden Tag frisch onduliert – erst der Friseur
macht aus dem König ein Märchen
(Dieter Olaf Klama: *Ich, der König*, 1998)

rant« zahlreicher europäischer Fürstenhäuser und heute die älteste noch bestehende Parfumfabrik der Welt.

Die gepflegte Erscheinung Ludwigs II. verfehlte ihre Wirkung nicht. In der Biographie der norwegischen Schriftstellerin Clara Tschudi heißt es über den König: »Seine hohe, schlanke Gestalt war vollkommen symmetrisch. Sein reiches, leicht gelocktes Haar und der leichte Anflug eines Bartes verliehen seinem Kopfe Ähnlichkeit mit jenen großartigen Kunstwerken der Hellenen und ihren Vorstellungen von männlicher Kraft. Selbst wenn er ein Bettler gewesen wäre, hätte er sich meiner Aufmerksamkeit nicht entziehen können. Kein Mensch, alt oder jung, reich oder arm, konnte von dem Zauber unberührt bleiben, der von seinem Wesen ausging.«

Felix Dahn – Juraprofessor und Hausautor der *Gartenlaube* – nannte Ludwig II. in Anlehnung an den französischen Roi Soleil »König Sonne II.«. Und Julius Waldemar Grosse, ab 1862 Redakteur der *Bayrischen Zeitung*, rühmte Ludwig II. »als Idealgestalt des jungen, göttlichen Adonis, dessen berückende Schönheit Tausende von Frauenherzen mit magischer Kraft erglühen ließ.« An seinem Hof schreite der Märchenkönig »schön wie ein Goldfasan zwischen all den Haushühnern einher«, schreibt Philipp zu Eulenburg. Und wenn sich Ludwig II. bei Empfängen zeigte, fielen die Damen angeblich gleich reihenweise in Ohnmacht.

Hin und wieder rückte ihm die holde Weiblichkeit sogar in der Münchner Residenz auf die Pelle: In den verwinkelten Trakten des weitläufigen Regierungssitzes griffen die Hartschiere, die Leibgardisten des Königs, wiederholt Damen der besseren Gesellschaft auf, die mit ihren heranwachsenden Töchtern durch die Raumfluchten irrten – in der Hoffnung, dem Traumbild eines Bräutigams respektive Schwiegersohns persönlich zu begegnen. Laut Kobell wirkte »sein ›Augenaufschlag‹ so mächtig auf das weibliche Geschlecht, daß mehr als Eine in Liebe zu ihm entbrannte und ihre vergebliche Schwärmerei durch eine Gemütskrankheit büßte. Manche trug heimlich abgeschnittene Haare eines von Ludwig II. gerittenen Pferdes in ihrem goldenen Medaillon oder Blumen, über die sein Fuß geschritten.«

Waschkörbeweise trafen Liebesbriefe in der Münchner Residenz ein. Ludwig II. las sie bestenfalls amüsiert, bevor er sie in den Papierkorb warf. Und als ihm eine Schauspielerin, die bereits bis in sein Appartement vorgedrungen war, den Wunsch unterbreitete, in seinem Schlafzimmer rezitieren zu wollen, ließ er sie, so Kobell, »sofort ungnädig verabschieden und die Luft mittels einer großen Räucherpfanne reinigen«.

Ein ähnliches Schicksal widerfuhr einer Opernsängerin, die Ludwig II. eines Abends zu einer gemeinsamen Kahnfahrt auf dem künstlichen See seines Wintergartens über den Dächern der Münchner Residenz eingeladen hatte. Die Gesangskünstlerin ließ sich – eine Ungeschicklichkeit vortäuschend – ins Wasser fallen, in der Hoffnung, vom König höchstselbst gerettet zu werden. Der aber durchschaute die schnöde Absicht, übertrug die Bergung der sinkenden Diva einem Diener und entfernte sich schweigend vom Ort der Inszenierung. Eine weitere Einladung erfolgte nicht.

Ludwig II. galt als »ausgezeichnete Partie, und wie immer in solchen Fällen brachten Prinzessinnen und Hofdamen den Gothaer Hofkalender nicht aus der Hand«, so Böhm, »um nach einer würdigen, ebenbürtigen Lebensgefährtin für ihn zu suchen«. Ein erstes Raunen ging durchs Land, als es sich Ludwig II. im Juni 1864, gut drei Monate nach der Thronbesteigung, nicht nehmen ließ, Kaiserin Elisabeth von Österreich im nordbayerischen Bad Kissingen, wo sie zu kuren gedachte, persönlich zu begrüßen. Hoch aufgeschossen und schlank, wie er war, glaubte ein französischer Beobachter »une longue jeune fille en habit blanc de général« vor sich zu haben – ein »langes junges Mädchen in weißer Generalsuniform«. Dem stand die Erscheinung der acht Jahre älteren Sisi nicht nach. Mit ihrer schmalen Taille und ihrer beachtlichen Größe von 1,72 Metern galt sie in jenen Jah-

Drama im königlichen Wintergarten – der Untergang der Operndiva

ren als schönste Frau, die jemals die Krone Habsburgs getragen hatte. Sie strahlte Sportlichkeit und Majestät gleichermaßen aus, neigte zur Melancholie und verursachte durch ihr bloßes Erscheinen regelrechte Volksaufläufe.

Ihre Freundschaft mit Ludwig II. wirkte auf Außenstehende wie ein Königskindermärchen – und die Protagonisten wussten diesen Eindruck zu verstärken. Der Familie erzählte Elisabeth beglückt von den »vielen gemeinsamen Stunden«, die sie mit Ludwig II. zugebracht habe. Der wiederum schrieb der Kaiserin schwärmerische Briefe. Das Zusammensein mit ihr mache ihn »den Himmel auf Erden wähnen« und zum »seligsten von allen Menschen auf Erden«. Seine Verehrung für sie würde »nur mit dem Tode verlöschen«.

Kein Wunder, dass alle Welt glaubte, in Bad Kissingen hätte es zwischen den beiden Majestäten gefunkt. Man übersah dabei zum einen, dass Elisabeth mit dem zugegeben ziemlich unauffälligen Kaiser Franz Joseph von Österreich verheiratet war – und dass eine Affäre mit dem bayerischen König vermutlich zu ernsten diplomatischen Verwicklungen geführt hätte. Zum anderen ging es in der Beziehung zwischen Sisi und Ludwig II. gar nicht um Sexualität und Erotik. Schlimmer noch: Plaudernde Hofdamen erzählen, Elisabeth hätte sich bei späteren Besuchen Ludwigs II. oft kolossal gelangweilt. Wie zur Bestätigung schreibt die Kaiserin im März 1865 an ihren damals sechseinhalb Jahre alten Sohn Rudolf: »Gestern hat mir der König eine lange Visite gemacht, und wäre nicht endlich Großmama gekommen, so wäre er noch da. Er hat mir die Hand so viel geküßt, daß Tante Sophie, die durch die Türe schaute, mich nachher fragte, ob ich sie noch habe!« Aus dem Jahr 1874 schließlich datiert der genervte Ausruf Sisis: »Wenn mich nur der König von Baiern in Ruhe lässt!«

Trotzdem kamen die beiden immer wieder zusammen. Zwischen ihnen herrschte eine erstaunliche »Gleichgestimmtheit«, wie Elisabeth die verblüffende Wesensähnlichkeit nannte. Sie stammten ja auch aus derselben Familie. Elisabeths Großvater, der zweimal verheiratete König Max I. von Bayern, war der Urgroßvater Ludwigs II. Und beide hatten in München das Licht der Welt erblickt. Für den Fall, dass sie sich unbeobachtet treffen wollten, stand ihnen ein verschwiegenes Refugium zur Verfügung: die Roseninsel im Starnberger See. Das winzige Eiland war ihnen seit Kindertagen vertraut, denn Sisis Familie pflegte den Sommer in Possenhofen zu verbringen, während Ludwig II. mit seinen Eltern und Bruder Otto oft am anderen Seeufer, in Berg, logierte.

Maximilian II., der Vater Ludwigs II., gilt als der eigentliche Schöpfer der Roseninsel. Er hatte das verträumte Idyll von einer Fischerfamilie erworben und auf dem höchsten Punkt ein kleines, villenartiges Schlösschen errichten lassen – ein Tusculum mit fünf Zimmern, Südbalkon und Campanile, gedacht als königliches Ausflugsziel. Vom Speisesalon im ersten Stock geht der Blick weit über den See, bis ins Karwendel- und Wettersteingebirge. Unter den Fenstern breitet sich ein blühender Garten aus – darunter die zweitausend Rosenstöcke, die der Insel ihren Namen gaben. »Groß genug wäre diese Insel, um darin irgend einen Kummer zu begraben, bey dem es nicht erlaubt ist, sich um Hilfe oder Mitleid an die Welt zu wenden«, hatte der Münchner Historiker Lorenz Westenrieder Ende des achtzehnten Jahrhunderts mit fast prophetischer Gabe über die Roseninsel zu Papier gebracht – und hinzugefügt: »Und groß genug wäre sie, zwey Herzen aufzunehmen, die izt in der süßesten und auch in der glücklichsten Schwärmerey ihrer Seele nichts bedürfen denn sich selbst.«

Knapp hundert Jahre später schien sich sein Wort zu erfüllen. Immer wenn Kaiserin Elisabeth ihre Eltern in Possenhofen besuchte, legte das zierliche Dampfschiff »Tristan« mit dem langen, dünnen Schlot und den bemalten Radkästen am Privathafen von Schloss Berg ab, um den König, der sich bei solchen Gelegenheiten gern in der Uniform eines österreichischen Regimentskommandeurs zeigte, zur Roseninsel zu bringen. Nach Schilderungen von Zeitgenossen hatten die dortigen Begegnungen der beiden Majestäten eine höchst romantische Note. Es soll üblich gewesen sein, dass sie zu einem bestimmten Glockenschlag auf der Insel erschienen. »Im Falle der Verhinderung mußte das eine dem anderen einen Brief in einer verschlossenen Schreibtischschublade des Inselschlößchens hinterlassen, zu der jedes einen Schlüssel hatte«, berichtet Böhm. »Von der Möve an den Adler« hieß es dann, oder umgekehrt »Vom Adler an die Möve«.

Die Presse nannte im Lauf des ersten Regierungsjahres – neben Elisabeth von Österreich – noch andere Damen, denen es gelungen sei, das Herz des Königs zu gewinnen. So meldeten die Zeitungen im Juni 1864, Ludwig II. habe sich Großfürstin Maria Alexandrowna, die Tochter Zar Alexanders II. von Russland, als Braut ausersehen. Der König lasse sogar schon »Pläne für ein Schloß im moskowitischen Stil« zeichnen, das wohl »als

Ludwig und Sisi – die »Königskinder« im Blütenduft
der Roseninsel

Hochzeitsgabe bestimmt« sei und in der Nähe von Linderhof erstehen solle. Die Nachricht entpuppte sich rasch als Ente – vielleicht auch deshalb, weil Großfürstin Maria Alexandrowna zu jenem Zeitpunkt nicht einmal zwölf Jahre alt war.

Im Juli 1864 berichtete das Pariser Blatt *Patrie*, Ludwig II. werde sich mit der Infantin Maria Isabel de Borbón y Borbón verloben, der ältesten Tochter von Königin Isabella II. von Spanien. Diese Dame zählte immerhin schon dreizehn Lenze, kam aber ebenso wenig zum Zug wie Maria Luise von Hohenzollern-Sigmaringen, die im Dezember 1864 vom Wiener Periodikum *Die Presse* als künftige Verlobte Ludwigs II. präsentiert wurde. Dabei wäre diese Kandidatin, die Tochter eines zeitweiligen preußischen Ministerpräsidenten, immerhin eine Gleichaltrige gewesen.

Dafür bandelte Ludwig II. im Mai 1866 mit der Hofschauspielerin Lila von Bulyowsky an. Die »graziöse, reichbegabte Ungarin« – nach zeitgenössischen Berichten eine »Weltdame« – war neun Jahre älter als Ludwig II. und hatte laut Böhm bereits bei seinem Vater »lebhaftere Gefühle« ausgelöst. Jetzt erlag auch der Sohn dem bestrickenden Reiz »ihrer immer etwas ungenügenden Beherrschung der deutschen Sprache«. Ludwig II. hatte sie zum ersten Mal in der Rolle der Maria Stuart gesehen. Er war von ihrer Darstellung derart beeindruckt, dass er sich noch in derselben Nacht die Allerheiligenhofkirche der Münchner Residenz aufsperren ließ, um für das Seelenheil der Rivalin Elisabeths I. von England zu beten. Beim Gedanken an das tragische Schicksal der Schottenkönigin soll er in Tränen ausgebrochen sein. Es sieht so aus, als habe Ludwig II. in Lila von Bulyowsky ihre Verkörperung gesehen. Jedenfalls gab er beim Hofmaler Franz Heigel ein Porträt Lilas als Maria Stuart in Auftrag.

»Es entspann sich allmählich ein Verhältnis zwischen ihnen, dem Ebbe und Flut nicht fehlten«, berichtet Böhm: »Bald lag der König auf das höchste erregt zu ihren Füßen, bald verbot er ihr aufzutreten.« Er schrieb ihr »eine ganze Masse Liebesbriefe«, dann aber schäumte er gegenüber einem ungenannten Adressaten, »das in neuerer Zeit so unverschämt werdende Bulyowsky-Luder soll sich zum Teufel scheren«. Der Bevölkerung blieben die Details des Allerhöchsten Techtelmechtels verborgen. Die Tatsache an sich machte jedoch rasch die Runde. Schon bald ging ein frivoles Poem von Mund zu Mund, wonach es »der Bulyowsky« endlich »gelungen« sei, Ludwig II. »das rechte Lied gesungen« zu haben, weshalb »der Keusche nun andern gleich gefallen« sei.

Böhm bleibt diesbezüglich eher skeptisch. »Der Gedanke, es könne bei einer Zusammenkunft mit dem König eines ihrer neuen Kleider zerknittert werden, hat zur Aufrechterhaltung ihrer Tugend ebenso viel beigetragen als der Umstand, daß dafür ihrer Schätzung nach nicht der entsprechende Preis entrichtet werden wollte.« So »bot« ihr »der galante Monarch« nach einem gemeinsamen Diner auf der Roseninsel im Starnberger See »den Arm zu einem kleinen Spaziergang durch das blühende Eiland. Aber – o Schrecken! – es hatte geregnet, die Kieswege waren naß, und, was ihr noch unheilvoller erschien, sie durfte an der Seite des Königs der Etikette gemäß die Schleppe ihres Seidenkleides nicht aufnehmen. Dieser Gedanke verwirrte sie nach ihrer eigenen Aussage dermaßen, daß sie mit Mühe der Unterhaltung folgen konnte und fortwährend verkehrte Antworten gab. Ludwig hatte Blumen gepflückt und ihr überreicht. Besorgt, damit nun auch noch ihre Handschuhe zu ruinieren, wußte sie nicht, wie sie sie halten und tragen sollte.«

Zu einem Schlüsselerlebnis kam es offenbar während eines gemeinsamen Aufenthalts in Hohenschwangau. Nach der Besichtigung der Burg zeigte Ludwig II. der Schauspielerin sein Schlafzimmer. »Beide ließen sich auf den Rand des Bettes nieder und begannen *Egmont* zu rezitieren«, so Böhm. »Bei der Kußszene wurde Lila spröde, und man trennte sich unverrichteter Sache. Ich weiß nicht, war es damals, früher oder später, daß er ihr gestand, er habe nie ein Weib besessen und bedecke oft des Nachts ih-

Ein Techtelmechtel mit dem König?
Maria Stuart alias Lila von Bulyowsky

rer gedenkend seinen Pfühl [Kissen] mit Küssen. Als nach diesem Geständnis sein Haupt halb ohnmächtig an ihren schwellenden Busen sank, legte sie es, statt aller Antwort, ruhig auf die Seite.«

Schon während dieser Beziehung, deren Ende beide bedauert haben sollen, war Ludwig II. eine andere Frau aufgefallen: Elisabet Ney, eine der ersten berühmten Bildhauerinnen, die von ihrer Kunst leben konnten. Sie hatte es sich in den Kopf gesetzt, herausragende Persönlichkeiten ihrer Zeit zu porträtieren, darunter den Philologen und Märchensammler Jacob Grimm, den Philosophen Arthur Schopenhauer, den italienischen Freiheitskämpfer Giuseppe Garibaldi – und Ludwig II. von Bayern. »Es hatte vieler Mühe und einflussreicher Verwendung bedurft«, schreibt der zeitgenössische Verleger, Autor und Politiker Anton Memminger, »um den damals jungen König überhaupt zu diesen Sitzungen zu bewegen, und er hatte sich endlich nur unter der Bedingung dazu entschlossen, daß Fräulein Ney weder mit ihm sprechen noch Messungen an ihm vornehmen dürfe.«

Schließlich kam Ludwig II. in ihr Schwabinger Atelier – allerdings in übler Laune. »Die Künstlerin, die ihn so nicht brauchen konnte, bat nun um Erlaubnis, etwas vorlesen zu dürfen. Diese Bitte ward gewährt, und unter den klangvollen Versen Goethes (die Leserin hatte *Iphigenie* gewählt) hellte sich die düstere Miene des Königs auf und machte dem gewohnt liebenswerten Ausdruck Platz.« Diesen Kunstgriff wandte die Bildhauerin, die bei den Sitzungen ein weißes Griechengewand und goldene Sandalen zu tragen pflegte, noch häufiger an – mit dem Erfolg, daß Ludwig II. schließlich sogar jene Zirkelmessungen im Gesicht duldete, vor denen ihm anfangs besonders gegraut hatte.

Das Allerhöchste Wohlwollen erlangte Elisabet Ney, als sie sich – nach der letzten Sitzung vor die Wahl gestellt, ob ihr der König als Dankeschön für das gelungene Werk (es steht heute im Ludwig-II.-Museum in Herrenchiemsee) »Schmuck oder anderes schenken dürfe« – für Blumen entschied. »Denn um Kostbarkeiten zu bewachen, fehlt mir die Zeit«, soll sie gesagt haben. Diese Uneigennützigkeit brachte ihr den größten Respekt Ludwigs II. ein. Es kam jetzt auch zu einem liebenswürdigen, sehr persönlichen Meinungsaustausch. Ob aus dieser seelenvollen Zuneigung zwischen dem vierundzwanzigjährigen Monarchen und der zwölf Jahre älteren Künstlerin tatsächlich jene »kurze, heftige Liebschaft« wurde, von der die Presse nach dem Tod des Königs sprach, ist umstritten. Trotzdem hält sich hartnäckig das Gerücht, der Beziehung sei sogar ein Sohn entsprossen.

Im Licht der Öffentlichkeit gab sich Ludwig II. als »jungfräulicher« König. Andererseits vernahm er deutlich, dass die Aufforderung, endlich zu heiraten, immer lauter wurde. Er glaubte handeln zu müssen – und tat es: Am 22. Januar 1867 schrieb er zwischen zwölf und ein Uhr nachts den »Werbungsbrief« – adressiert an Herzogin Sophie in Bayern, die 1847 geborene jüngere Schwester der Kaiserin von Österreich. Auch Sophie kannte er noch aus gemeinsamen Kindertagen, auch mit ihr hatte er Gemeinsamkeiten – allen voran die Leidenschaft für das Werk Richard Wagners. Seit dem Spätsommer des Jahres 1866 war zwischen den beiden eine schwärmerische, weltentrückte Freundschaft entstanden.

Das ganze Volk fieberte der Hochzeit entgegen. Die Bauerstochter Anna Popp aus Kleinhartpenning erklärte vor dem Münchner Oberthofmarschallstab, »aus Butter in länglich runder Form eine Darstellung« machen zu wollen, »in welcher Seine Majestät der König mit Allerhöchstdessen hoher Braut in der Stellung abgebildet sein soll, wie Allerhöchstdieselbe in der jüngsten Photographie erscheinen, und wäre es für mich die größte

Freude, wenn Seine Majestät der König diese Darstellung von mir als Geschenk anzunehmen geruhen würde«. Am 3. März 1867 bewilligte Ludwig II. das Ansinnen mit seiner Unterschrift. Dabei hatte er einst dem Justizminister Eduard von Bomhard gesagt, er habe zum Heiraten überhaupt keine Zeit, dies könne Otto besorgen.

Tatsächlich stand ein schlechter Stern über den Frischverlobten. Zum wachsenden Entsetzen der beiden Familien zögerte Ludwig II. die Bekanntgabe des Hochzeitstermins immer länger hinaus. In München hörte man bereits im Mai 1867, der König sage, er habe sich mit der Verlobung »übereilt«. Und der Komponist Franz Liszt, der am 20. September 1867 einer Hauptprobe von Wagners *Tannhäuser* im Münchner Hoftheater beiwohnte und dabei beobachtete, dass Ludwig II. während der Aufführung allein in der Mittelloge saß, berichtet: »Nach dem zweiten Akt besuchte er auf fünf Minuten seine Braut, welche in der großen Loge links sich befand. Die Hochzeit ist bis Mitte November verschoben. Einige vermuten, daß sie für immer vertagt wird.« Liszt sollte recht behalten. Zweieinhalb Wochen später löste Ludwig II. die Verlobung auf. In seinem Tagebuch notiert er an jenem 7. Oktober 1867: »Sophie abgeschrieben. Das düstere Bild verweht, nach Freiheit verlangte ich, nach Freiheit dürstet mich, nach Aufleben von qualvollem Alp.«

Das Pikante an der Sache: Möglicherweise war Sophie an dieser Entwicklung nicht ganz unschuldig. Sie soll drei Tage nach der Verlobung bei Porträtaufnahmen im Atelier Hanfstaengl den Sohn des Fotografen kennengelernt und im darauffolgenden Sommer eine heimliche Romanze mit ihm gehabt haben. Das legen handschriftliche Briefe nahe, die aus der Feder Sophies stammen und 1986 erstmals veröffentlicht wurden. Schlug am Ende auch Ludwig II. in der Verlobungszeit über die Stränge? Der Verdacht besteht. Denn er traf sich in jenen Monaten nach dem Zeugnis von Böhm nicht nur mit Lila von Bulyowsky. Am 6. Mai 1867, also gut drei Monate nach seinem »Werbungsbrief« an Sophie, begegnete er auch »einem Mann aus dem Volk mit dem klassischen Gesicht eines Antinoos [Antinoos war der Lustknabe des römischen Kaisers Hadrian], einem prächtigen schwarzen Bart und einer sportlichen Figur«, so der französische Biograph Constantin de Grunwald. Der Mann hieß Richard Hornig, war fünfundzwanzig Jahre alt und sollte im Leben des Königs eine bedeutsame Rolle spielen: Ab dem 11. Mai 1867 war er – zunächst als »Bereiter«, später als

Alptraum für alle Beteiligten – die unglückliche Verlobung
Ludwigs II. mit Herzogin Sophie in Bayern

Stallmeister – der stete Begleiter Ludwigs II. Auf Hornig beziehen sich allerlei homoerotische Notizen in den zum Teil höchst kryptischen Tagebüchern des Königs – etwa das gegenseitige Versprechen, »uns nie mehr zu trennen und nie mehr von einander zu lassen«, und die Zeilen: »Richard, teurer, meiner Seele Kuß heilig und rein ein einziges Mal. Vivat Rex et Richardus in aeternum«.

Nach dem Bericht von Ferdinand Zwierzina, dem Legationskanzlisten der österreichischen Gesandtschaft in Bayern, rief die Nachricht von der »Entlobung« Ludwigs II. denn auch »ungewöhnliche Aufregung hervor; man findet das Ereignis als ein in der bayerischen Geschichte noch nicht dagewesenes unerhört; das Benehmen des Königs, schon lang streng beurteilt, unterliegt der bedauerlichsten Deutung.« Tatsächlich stand spätestens seit 1864 die Vermutung im Raum, Ludwig II. sei homoerotisch veranlagt. Zumindest attestierte der österreichische Gesandte, Gustav von

Blome, dem neunzehnjährigen König schon im Herbst dieses Jahres einen »Hang zu weichlicher Sinnlichkeit«, um sechs Monate später nach Wien zu berichten, Ludwig II. finde »überhaupt bis jetzt keinen Wohlgefallen an Damengesellschaften und Umgang mit dem weiblichen Geschlechte«.

Im Oktober 1865 war bekannt geworden, dass Ludwig II. eine spontane Schweizreise in der alleinigen Begleitung des ihm offenbar sehr nahe stehenden Reitknechts Joseph Völk unternommen hatte. Sechs Wochen später kam es zum ersten Skandal. Oberstallmeister von Lerchenfeld zeigte Joseph Völk und dessen Bruder Ludwig, der offenbar ebenfalls im Marstall beschäftigt war, an. In Anwesenheit eines Staatsanwalts sagte Lerchenfeld vor dem Untersuchungsrichter aus, »in Franken und Schwaben gehe das Gerede, Seine Majestät triebe mit den beiden Reitknechten unzüchtige Handlungen, Seine Majestät sei ein Spinatstecher und benütze hierzu den einen dieser beiden Brüder Völk. Es werfe ein schiefes Licht auf den König, daß er so viel und ausschließlich mit Reitknecht Völk umgehe; es habe sich auch namentlich in Ober- und Unterfranken das Gerücht verbreitet, der König stehe in unerlaubtem Umgang mit Männern, ja man höre dieses Gerücht sogar schon im Marstall«.

Ein halbes Jahr später, im Juni 1866, brodelte die Gerüchteküche schon wieder. In jenen Wochen spitzte sich die politische Lage zwischen Wien und Berlin bedrohlich zu. Landauf, landab begannen die Vorbereitungen für den preußisch-österreichischen Bruderkrieg, der am 3. Juli in der verlustreichen Schlacht von Königgrätz gipfeln sollte. Doch Ludwig II. wollte von alldem nichts wissen. Er zog sich für eine ganze Woche mit Joseph Völk und seinem dreiundzwanzigjährigen Flügeladjutanten Paul von Thurn und Taxis auf die Roseninsel zurück, wo Letzterer – auf dem Pferd stehend – an der Seite des Königs das gesamte Eiland umrundete. Der österreichische Gesandte berichtet über das Tête-à-tête inmitten des Starnberger Sees: Ludwig II. »hat dahin drei Betten bringen lassen, eines für sich, eines für den Adjutanten Taxis, eines für den Reitknecht Völk. Dort wohnt er nun, und drei Tage hindurch haben ihn weder die Minister noch die Kabinettsekretäre sprechen können.«

In München erzählte man sich nach dem Zeugnis des Publizisten Julius Fröbel, nur Ludwig von der Pfordten, dem Außenminister, sei es gelungen, an der Dienerschaft vorbei einzudringen. Pfordten habe »den König und den Prinzen Taxis, als Barbarossa und Lohengrin kostümiert, in einem dunklen Saale bei künstlichem Mondschein angetroffen«. Das sei aber noch »die unbedenklichste der umlaufenden Geschichten«.

Fröbel weiter: »Rund um den Starnberger See sprach das Volk von den mysteriösen Beschäftigungen des Königs auf der kleinen Roseninsel, auf welcher er sich mit einem einzigen Gefährten und einem Diener Tage und Nächte aufhielt.« Es hieß, er brenne »Feuerwerke los« und spiele »Fangermandl mit dem Fürsten Taxis«, der sich bei Ludwig II. »ganz besonderer Gunst« erfreue. Das scheint zuzutreffen: In einem Brief vom 7. August 1866 nennt Taxis den König »Mein teuerster Engel!« und endet mit den Worten »es küßt Dich in Gedanken 1000 mal Dein Friedrich«. Friedrich war der Phantasiename, den Ludwig II. seinem Paul gegeben hatte.

Insofern liegt man vermutlich nicht falsch mit der Annahme, Ludwig II. habe die Verlobung mit Herzogin Sophie von Bayern eingefädelt, um von den Berichten über seine homoerotische Neigung abzulenken. Andererseits fragt man sich, ob es ihm wirklich hätte gelingen können, seine Liebe zum eigenen Geschlecht zu verschleiern – zumal er sich dazu schon vor seiner Thronbesteigung erstaunlich freimütig geäußert hatte. So berichtet er am 19. Januar 1864 an seine vormalige Erzieherin Sybilla von Leonrod: »Ich ließ nach Berchtesgaden schreiben, wo ich dieses Jahr in der Ramsau einen jungen Mann, welcher in einer Sägemühle arbeitete, sah, welcher uns

»Groß genug ... zwey Herzen aufzunehmen« – die Roseninsel
im Starnberger See vor der Kulisse der Benediktenwand

allen durch seine Schönheit und seine Heldengestalt auffiel; diesen werde ich photographieren und darnach hier als Lohengrin malen lassen.«

Ebenso unzweideutig, mit geradezu aufreizendem Selbstbewusstsein, bekannte Ludwig II. im Sommer 1865 gegenüber seinem Außenminister Ludwig von der Pfordten, da er »gottlob« nichts von der Sinnlichkeit für das weibliche Geschlecht wisse, sei seine »Verehrung für die Reinheit der Frauen eine umso tiefer empfundene«. Schon im Winter zuvor hatte Ludwig II. in einem Gespräch mit dem Münchner Philosophieprofessor Johannes Huber seine homoerotische Neigung angedeutet. Als ihm der Hochschullehrer mit der Mahnung gegenübertrat, »daß die Liebe zum Weib das Leben des Mannes nicht ausfüllen könne, da sie für die kräftige Mannesnatur mehr oder minder eine Episode sei«, antwortete ihm der König, dass bei manchem diese Episode wohl gar nicht vorkomme. »Und ich merkte, daß er sich damit meinte«, heißt es dazu in den Aufzeichnungen Hubers. Zu diesem Zeitpunkt ahnte Ludwig II. freilich noch nicht, dass seine homoerotische Neigung einst an seinem Sturz vom Thron beteiligt sein würde.

»Es geht das Gerücht, der König stehe in unerlaubtem Umgang mit Männern« – Ludwig II. und der königliche Reitknecht Richard Hornig im Manga

Langjang, Lederstrumpf und Lohengrin
Die Geisteswelt

Charmant, klug, pflichtbewusst – der junge Ludwig II. wirkte wie ein König aus dem Bilderbuch: »Ein Apoll von Gestalt, schmückten ihn scheinbar alle Vorzüge des Geistes und des Gemütes. Er hatte nichts von der steifen Art, die sein Vater niemals ganz los wurde, noch von der zuweilen etwas indiskreten Ausfälligkeit, durch die sein Großvater manche verletzte«, schreibt Gottfried von Böhm. Stattdessen besaß Ludwig II. »eine glänzende Unterhaltungsgabe, und der Cercle bei Hofe nahm unter ihm bald eine ungewöhnliche Zeitdauer in Anspruch«. Der König wusste aber auch um seine politische Verantwortung: Mit Elan widmete er sich seinen Aufgaben als Landesherr. Trotz seiner Jugend hatte er klare Vorstellungen. Er arbeitete sich mühelos in die schwierigsten Sachverhalte ein und zeigte sich entscheidungsfreudig.

Das waren die Beamten, die sich seit Beginn des neunzehnten Jahrhunderts als eigentliches Rückgrat des Staates verstanden, nicht mehr gewohnt. Und die Pedanterie, die Ludwig II. bis zum Ende pflegte, trieb sie bisweilen zur Weißglut. So berichtet Friedrich von Ziegler, der Ludwig II. ab 1876 als Kabinettssekretär diente: »Genauestens sieht er die Briefe ein, die ihm zur Unterschrift vorgelegt werden, und beanstandet da und dort ihm ungehörig Dünkendes. Auch Ton und Melodie sind ihm gar nicht gleichgültig. Dem oder jenem soll ›recht verbindlich und schmeichelhaft‹ geschrieben werden, dem andern wieder ›nicht so gnädig‹, ›kälter und kühler‹, oder es soll von der geplanten Unterschrift ›wohlwollender König‹ das ›wohlwollend‹ in Wegfall kommen. Er betrachtet dieses oder jenes als ›groben Unfug‹ und findet, daß ›es arg wäre, wenn es nicht so ginge‹, wie er, der König, es wolle.«

Für Christof Botzenhart, der 2004 die Ergebnisse seiner Doktorarbeit unter dem Titel *Die Regierungstätigkeit König Ludwigs II. von Bayern* publiziert hat, besteht das Grundproblem darin, »daß Ludwig II. eine für das ausgehende 19. Jahrhundert geradezu anachronistische Auffassung vom Wesen des Königtums hatte. Er faßte sein Amt als von Gottes Gnaden gewährt auf und leitete daraus einen geradezu absolutistischen Machtanspruch ab, der aber in der konstitutionellen Realität seines Königreiches so nicht mehr gegeben war«. Die Minister jedenfalls dachten nicht daran, »sich vom König hineinregieren zu lassen«. Und Ludwig II. klagte, die Bürokratie werde für die Krone zu einer feindlichen Macht. Trotzdem erfüllte er seine Amtsgeschäfte zeitlebens mit absoluter Zuverlässigkeit. Er diskutierte die aktuellen politischen Fragen, registrierte die Entwicklungen seiner Zeit – und noch in den letzten Tagen seines Lebens bearbeitete er die ihm vorgelegten Regierungsakten mit der gewohnten Akribie und Pünktlichkeit.

Anfangs war er »auch noch ein ›sichtbares‹ Oberhaupt des Staates«, notiert Böhm: »Man sah ihn – zwar selten auf der Straße – aber doch bei den bayerischen Hauptfesten: der Fronleichnamsprozession, in der Kirche, im Theater, in Konzerten, im Wagen und hoch zu Roß.« Allerdings gewährte Ludwig II. schon bald deutlich weniger Audienzen, weil diese Form der »königlichen Gnade« in seinen Augen deutlich überstrapaziert worden war. Außerdem hörte laut Böhm nach einiger Zeit »der regelmäßige persönliche Verkehr« auf, den der König »in den ersten Tagen seiner Regierung mit den Staatsministern« gepflegt hatte. Den üblichen »Gesellschaften« in der Münchner Residenz entzog er sich ebenfalls. Denn »seine phantasievollen schwärmerischen Neigungen ließen ihn von vornherein an einem geräuschvollen, glänzenden, des geistigen Inhalts oft nur allzu sehr entbehrenden Hoflebens keinen Gefallen finden«, so der Biograph Graser. »Im ganzen lebe ich, soviel als tunlich, zurückgezogen«, schreibt Ludwig II. im Januar 1865 an seine ehemalige Erzieherin. »Dadurch gewinne ich Zeit zum Lesen, was mir stets ein großer Genuß ist.«

Seine Bibliothek konnte sich sehen lassen. Sie spiegelte die Vielfalt seiner Interessen wider. Und ständig kamen Neuerwerbungen dazu. Zwischen 1872 und 1885 gab Ludwig II. allein 97 307 Mark für Bücher aus –

nach heutiger Kaufkraft knapp eine Million Euro. »Unter den deutschen Klassikern zählten Schiller, Grillparzer und Hebbel zu seinen Lieblingen«, erzählt Luise von Kobell. Der König rezitierte aber auch seitenweise aus Goethes *Faust* und las Lessing, Dante und den spanischen Dramatiker Calderón de la Barca. Über Wochen beschäftigte er sich mit Torquato Tassos 1575 erschienenem Epos *La Gerusalemme Liberata*. Am Morgen nach seinem zwanzigsten Geburtstag schrieb Ludwig II. an seine ehemalige Erzieherin: »Daß Du über Shakspeare zu lesen gedenkst, interessiert mich sehr zu hören; ich bewundere u. liebe den unsterblichen Briten, dessen Werke ich durch Friedrich Bodenstedt [seit 1854 Professor für Slawistik und Altenglisch an der Münchner Universität] übersetzen zu lassen gedenke.«

In den Bücherschränken Ludwigs II. stapelten sich die Biographien: Michelangelo, Philipp II. von Spanien und Voltaire waren hier ebenso ver-

Tannhäuser-Reminiszenzen – der Einband eines Tagebuchs Ludwigs II. mit der Wartburg als Motiv (Leopold Rottmann, 1866)

Des Königs literarische Fernreisen – dank des Prachtbands
Ninive et l'Assyrie im Zweistromland

treten wie Wenzel Eusebius von Lobkowicz, der glücklose »Erste Minister« Kaiser Leopolds I. Außerdem sammelte der König Reiseberichte. Er besaß *Corsica und seine Hauptstadt* von Karl Braun, *Eine Hundstagereise durch Süditalien* von Waldemar Kaden und eine Artikelserie mit der Überschrift *Mexikanische Fahrten* aus der in Augsburg erscheinenden *Allgemeinen Zeitung*. Daneben ließ er sich Bücher über die Malediven kommen, über die Könige von Langjang und Birma, über das Zeremoniell am byzantinischen Hof – und einen Prachtband über Indien, das er laut Kobell »das Land meiner Sehnsucht« nannte. Breiten Raum nahmen die Literatur des Mittelalters und deren Rezeption ein, darunter Abhandlungen über den Heiligen Gral, den Sängerkrieg auf der Wartburg und Tannhäuser. Eine Publikation über *Die klassische Bildung im 12. und 13. Jahrhundert* fehlte ebenso wenig wie eine *Übersicht über die mittelhochdeutschen Helden- und Ritterepen* oder die vierbändige *Geschichte der Stadt Rom im Mittelalter* aus der Feder von Ferdinand Gregorovius.

Historische Werke hatten es dem König ohnehin angetan. Zu den Publikationen, die er am häufigsten in die Hand nahm, gehörten nach dem Zeugnis von Kobell das 1859 erschienene *Lehrbuch der Weltgeschichte* des Grazer Universitätsprofessors Johann Baptist von Weiß, die Kreuzzugsstudien des Tübinger Hochschullehrers Bernhard von Kugler und die kunsthistorischen Schriften des aus Dortmund stammenden Gelehrten Wilhelm Lübke. Außerdem bestellte Ludwig II. für die königliche Hofbibliothek das dreibändige Werk *Ninive et l'Assyrie*, verfasst vom französischen Diplomaten und Archäologen Victor Place, der zwischen 1852 und 1854 den im achten Jahrhundert vor Christus entstandenen Palast von König Sargon II. in Chorsabad bei Ninive, einer antiken Stadt im heutigen Irak, ausgegraben hatte.

Die Architektur des Barock war in der Bibliothek Ludwigs II. unter anderem mit Robert Dohmes Kunstführer *Das königliche Schloß zu Brühl am Rhein* repräsentiert. Die Schriften des französischen Baumeisters Eugène Viollet-le-Duc, der die Gotik wiederentdeckte und zu den einflussreichsten Architekturtheoretikern seiner Zeit gehörte, soll Ludwig II. sogar nahezu auswendig gekannt haben.

Der König schätzte aber auch Unterhaltungsliteratur. Eines Tages überraschte ihn auf der Roseninsel ein Diener bei der Lektüre von James Fenimore Coopers *Der letzte Mohikaner*, dem zweiten Roman aus der berühmten *Lederstrumpf*-Serie – wobei die Frage bleibt, wer von den beiden in jenem Moment die größeren Augen machte. Denn der König soll, um seine Phantasie zu beflügeln, bei dieser Gelegenheit einen »indianischen Kopfschmuck« getragen haben.

Selbst dem Lokalkolorit verweigerte sich Ludwig II. nicht. So verschlang er die deutlich weiß-blau gefärbten Schriften des Heimatdichters Hermann von Schmid, der so ergreifende Werke wie das Trauerspiel *Ludwig im Bart* verfasste. Noch größerer königlicher Gunst erfreuten sich angeblich die Bücher von Schmids Namensvetter Maximilian Schmidt, genannt Waldschmidt. Sie »begleiteten den König in seine Schlösser und Berghäuser«, schreibt Hans Steinberger in seiner 1906 veröffentlichten Biographie *Ludwig II. von Bayern – Der Romantiker auf dem Königsthrone*: »Mit wahrhafter Ungeduld erwartete er stets das Erscheinen dessen aus dem Goldborn des Volkslebens geschöpfter Erzählungen und erbat sich dieselben schon im Manuskript zur Lektüre.

Geduld war in der Tat keine Stärke Ludwigs II. So ermahnte er eines Tages seinen Kabinettssekretär nachdrücklich, ihm den Textband des siebenaktigen Schauspiels *Shakuntala* aus der Feder des altindischen Dichters Kalidasa »schleunigst« auf die Pürschlinghütte bei Unterammergau nachzuschicken, und ergänzte: »Bieten Sie alles auf, was irgend in Ihren Kräften steht, um außer dem Ihnen bekannten, in Meinem Auftrage bestellten

Werke vor allem die Prachtausgabe von Chateaubriands Schriften, nach welcher längst gefahndet wird, Mir zu verschaffen.«

Ludwig II. dürfte jeden Tag ein ganzes Buch gelesen haben. Trotzdem kam er seinem Wissensdurst und seiner Neugier nicht hinterher. Deshalb ließ er sich von Angehörigen des Hofes Auszüge fertigen – etwa aus den neuesten Werken des britischen Evolutionstheoretikers Charles Darwin, aus den Lebenserinnerungen des großen deutschen Rechtsgelehrten Anselm von Feuerbach oder aus den wirtschafts- und sozialpolitischen Schriften des Franzosen Henri de Saint-Simon.

Der spätere Kabinettssekretär Friedrich von Ziegler und dessen Gattin hatten jedenfalls alle Hände voll zu tun, um dem König »diese gesamte Riesenliteratur« zu liefern, darunter »die verschollensten französischen Werke« und »alle Bücher des 17. und 18. Jahrhunderts. Schon die Titel füllen Bände«, klagte Ziegler und verbrachte ganze Nächte damit, dem König den Inhalt in Kurzreferaten vorzutragen. »Alle die französischen Ludwigs, der vierzehnte, fünfzehnte und sechzehnte, ihre Frauen und Maitressen, die Dauphins, der Prince de Condé, der Herzog von Berry, die Grafen von Artois und der Provence werden wieder aus ihrem Schlafe geweckt. Das gesamte prunkhafte Hofleben jener Zeit wird heraufbeschworen, diese in Versailles und Fontainebleau abgehaltenen fêtes galantes, Kavalkaden, Karussells, Ringstechen, großen Messen, Aufzüge, Illuminationen, Feuerwerke, Konzerte, Allegorien und ländlichen Schäferfeste. Dann das Theater, die tausend Tragödien und Komödien, bald lyrisch und bald heroisch, die divertissements, ballets héroiques, comédies héroi-féeries, ballets pantomimes, proverbes dramatiques, ballets tragi-pantomimes, pastorales. Aber nicht nur die Namen und Titel, sondern auch die Handlung und der genaue Inhalt dieser Stücke mußte erörtert werden. Da soll ferner über die Orden vom heiligen Michael, vom Heiligen Geiste, vom heiligen Lazarus und vom heiligen Ludwig berichtet werden, über die Kirchengänge, Prozessionen und Te Deums, über Gesandten- und Kardinalempfänge, über Hirschjagden, über die Truppenrevuen der französischen Könige auf den Ebenen von Sablons und Marly, Moulin und Venette, im Park von Boulogne und im Marmorhofe zu Paris, über Grundsteinlegungen und Denkmalsenthüllungen. Auch die unzähligen Balladen und Oden, die auf die französischen Könige gedichtet worden sind, die Bilder, die sie verherrlichen, die Statuen, die ihnen errichtet worden sind, kommen an die Rei-

Lederstrumpf am Starnberger See – Ludwig II. liest
auf der Roseninsel den Roman *Der letzte Mohikaner*

he – und noch so manches andere. Kurz und gut – das ganze Frankreich des 17. und 18. Jahrhunderts steigt in seinem alten Glanz, in seiner schweren Pracht und schon vermodernden Üppigkeit wieder empor.«

Mit Hilfe der Literatur tauchte Ludwig II. früh in ferne Welten und Epochen ein, schuf sich Rückzugsorte und Fluchträume. Seine intensive Beschäftigung mit dem Werk Richard Wagners erfüllte denselben Zweck. Als Fünfzehnjähriger hatte er im Königlichen Hof- und Nationaltheater in München seine erste *Lohengrin*-Aufführung erlebt und »darüber Tränen höchsten Entzückens« vergossen, wie Böhm berichtet. Denn auf der Bühne sah Ludwig II. genau jene Sagen dreidimensional in Szene gesetzt, die er schon aus seinen Kindertagen kannte. Hohenschwangau, das romantische Sommerschloss der Eltern vor der imposanten Kulisse der Ammergauer Alpen, präsentiert sich noch heute als Schatzkammer des geschichtsverliebten und mythentrunkenen Historismus: Die Wände sind über und über mit Gemälden geschmückt, die – zum Teil nach Entwürfen des Malers Moritz von Schwind – historisch belegte Ereignisse ebenso nacherzählen wie märchenhafte Überlieferungen von Kaisern und Königen, Minnesängern und Kreuzrittern, Elfen und Riesen, müden Helden und starken Frauen.

Die phantasievolle Ausmalung hatte einst der junge Maximilian II., der später so nüchterne Vater des Märchenkönigs, in Auftrag gegeben. Und Ludwig II., der schwärmerisch veranlagte Sohn, sog die zwischen Bedrohung und Zauber, Brutalität und Verklärung changierenden Eindrücke auf wie ein ausgetrockneter Schwamm. Stundenlang stand er als Kind im Schwanrittersaal und studierte das Wandgemälde mit der *Lohengrin*-Sage. Und dass Tannhäuser angeblich höchstselbst auf Hohenschwangau nächtigte, als er von seiner Wallfahrt nach Rom zurückkehrte, ließ den phantasiebegabten Kronprinzen kaum mehr los.

Dass es einen Komponisten gab, der ausgerechnet diese Stoffe im Theater lebendig werden ließ – mit leibhaftigen Darstellern, einer plastischen Bühnenarchitektur und musikdramatischen Effekten –, musste Ludwig II. ganz und gar unglaublich erscheinen. »Was war näher liegend als der Wunsch, den Mann, der solches geschaffen, kennen zu lernen und um sich zu haben«, fragt Kobell und bestätigt: »Die Saiten, welche der Dichter-Komponist im Herzen des Kronprinzen angeschlagen hatte, klangen mächtig durch des Königs ganzes Leben.« Dazu kam, dass Ludwig II. an Weihnachten 1862 – mit siebzehn – Wagners programmatische Schrift *Das Kunstwerk der Zukunft* unter dem Christbaum vorgefunden und auf einen Satz verschlungen hatte. Er wusste sich mit dem Autor einig, dass die Moderne mit ihren sozialen Missständen, der zerstörerischen Industrialisierung und dem Fundamentalismus der Kirchen kunstfeindlich ist, dass die Kunst ohne Religion und Mythos belanglos bleibt und dass die Kunst nur dann eine Zukunft hat, wenn das befruchtende Zusammenspiel von Musik, Tanz, Drama, Architektur, Malerei, Bildhauerei und Literatur gelingt.

Richard Wagner galt als schillernde Figur. Er hatte an der Seite seines

Das große Vorbild – Ludwig XIV. als Selbstdarsteller (Maurice Leloir, 1904)

Künstlicher Mond über dem Bett – das Schlafzimmer
Ludwigs II. in Schloss Hohenschwangau
(Gustav Seeberger, 1865)

Freundes, des Baumeisters Gottfried Semper, am Dresdner Maiaufstand des Jahres 1849 teilgenommen – mit dem Ziel, den König von Sachsen zu stürzen und eine Republik auszurufen. Deshalb war er steckbrieflich gesucht worden und zeitweise, mit gefälschtem Pass, untergetaucht. Jetzt, im Frühjahr 1864, befand er sich schon wieder auf der Flucht – diesmal vor der Steuerfahndung und seinen Gläubigern. Auf dem Weg von Wien ins sichere Zürich machte der fünfzig Jahre alte, finanziell ruinierte Maestro Ende März in München Station – und sah in einem Schaufenster zufällig ein Porträt des neuen, jungen Königs von Bayern. Es war seine erste Begegnung mit Ludwig II.: »Mich fesselte die unsägliche Anmut dieser unbegreiflich seelenvollen Züge«, berichtete Wagner ein Jahr später. »›Wäre er nicht König, den möchtest du wohl kennenlernen‹, sagte ich mir. ›Nun ist er König, er kann von dir nichts erfahren!‹ Schweigend und einsam wanderte ich weiter.«

Mit seinen Opern gilt Wagner heute als einer der bedeutendsten Komponisten des neunzehnten Jahrhunderts – zumal er nicht nur die Musik schrieb, sondern auch die Texte und die Regieanweisungen. Mit seinem Gedanken, die Welt durch die Kunst zu erneuern, schlug er die Intellektuellen und die gesellschaftlichen Eliten in Bann. Damals aber schien sein

Feuer zu verlöschen. In seinem Münchner Hotelzimmer feilte der verzweifelte Tondichter sogar schon an seinem Grabspruch: »Hier liegt Wagner, der nichts geworden, nicht einmal Ritter vom lumpigsten Orden.« Ähnlich hoffnungslos heißt es in einem Brief an den Maler Peter Cornelius: »Mein Zustand ist sehr unheimlich. Ein einziger Stoß, und es hat ein Ende. Ein Licht muß sich jetzt zeigen: Ein Mensch muß mir erstehen, der jetzt energisch hilft. Ein gutes, wahrhaft hilfreiches Wunder muß mir jetzt begegnen; sonst ist's aus.« Was der flüchtige Komponist nicht ahnte: Ludwig II. setzte just in jenen Tagen alle Hebel in Bewegung, um dieses Wunder wahr werden zu lassen. Denn Wagner hatte schon einmal, in seiner Vorrede zum *Ring des Nibelungen*, nach einem fürstlichen Mäzen gerufen. Und Ludwig II. gedachte, diese Rolle zu übernehmen.

Dass er auf diese Weise einem »Umstürzler« unter die Arme greifen würde, der eigentlich für die Abschaffung der Monarchie eintrat, schreckte den König offensichtlich nicht. Während Wagner längst von München nach Zürich weitergereist war, glaubte Ludwig II., der Komponist weile noch immer in Wien, und schickte seinen damaligen Kabinettssekretär Franz Seraph von Pfistermeister in die österreichische Hauptstadt. Der brave Beamte sollte dem Komponisten ein Bild des Königs, eine prallgefüllte Börse mit Goldmünzen und einen Rubinring überreichen – und zwar mit den Worten: »So, wie dieser Ring glüht, so glüht das Herz König Ludwigs, den Wort- und Tondichter des *Lohengrin* kennenzulernen!« In Wien kam Pfistermeister jedoch gerade recht, um die Pfändung von Wagners Wohnung mitzuerleben. Herr Wagner, sagte man ihm, sei schon vor Wochen nach Zürich abgereist. In Zürich erfuhr Pfistermeister, der Komponist befinde sich auf dem Weg nach Stuttgart. Als der Kabinettssekretär dort eintraf, hieß es, Wagner sei soeben ausgegangen.

Am nächsten Morgen bekam er ihn endlich zu fassen: Der Komponist, laut eigener Aussage »unangenehm überrascht«, empfing den Emissär auf seinem Zimmer und fürchtete Übles. Stattdessen versuchte Pfistermeister, die romantische Königsbotschaft über seine Beamtenlippen zu bringen. Wagner begriff rasch: Das Wunder war geschehen. Gleich nach der Unterredung schrieb er einen ersten Brief an seinen Gönner: »Theurer huldvoller König! Thränen der himmlischen Rührung sende ich Ihnen! Dieses Leben, sein letztes Dichten und Tönen gehört nun Ihnen. Verfügen Sie darüber als über Ihr Eigenthum! Im höchsten Entzücken, treu und wahr Ihr Untertan Richard Wagner.« Vierundzwanzig Stunden später, am 4. Mai 1864, stand Wagner zum ersten Mal vor Ludwig II.

Es war der Anfang einer Freundschaft, die in die Musikgeschichte eingehen sollte. Der König tilgte die Schulden des Komponisten, versprach ihm ein jährliches Honorar von viertausend Gulden (rund 67 000 Euro) und mietete für Wagner das Landhaus des Gastwirts Pellet in Kempfenhausen am Starnberger See als Sommersitz. »Die niedern Sorgen des Alltagslebens will ich von Ihrem Haupte auf immer verscheuchen, damit Sie im reinen Äther Ihrer wonnevollen Kunst die mächtigen Schwingen Ihres Genius ungestört entfalten können«, schrieb Ludwig II. an Wagner. Und er hielt Wort. Zum Winter hin bezog der Komponist eine luxuriöse Stadtwohnung in der Münchner Brienner Straße, deren Kosten ebenfalls aus der Privatschatulle des Königs beglichen wurden. Außerdem vereinbarten Ludwig II. und Wagner die Vollendung und Aufführung des *Rings des Nibelungen*. Wagner verlangte für die Komposition und die Abtretung der Eigentumsrechte dreißigtausend Gulden (rund 346 000 Euro). Der König willigte ein und ließ seinen Schützling noch am selben Abend wissen: »Die Erfüllung unsres Wunsches soll nun nahen, das Werk soll aufgeführt werden, und zwar ganz nach Ihrem Willen. – Was ich meinerseits zu tun vermag, will ich tun und keine Mühen scheuen; dies wundervolle Werk wollen wir der deutschen Nation zum Geschenk machen und ihr sowie den anderen Nationen zeigen, was deutsche Kunst vermag.«

Ohne Ludwig II., so viel ist sicher, hätte Wagner seine bedeutendsten Opern gar nicht scheiben können – oder, um mit den Worten des Königs zu sprechen, die er nach dem Tod des Meisters fand: »Den Künstler, um welchen jetzt die ganze Welt trauert, habe ich zuerst erkannt, habe ich der Welt gerettet.« Dass er damit nicht falschliegt, zeigt der Blick ins Archiv des Königlichen Hof- und Nationaltheaters in München. Auf dieser Bühne wurden unter der Mitsprache des Königs, die mehrmals zu Zerwürfnissen mit Wagner führte, gleich vier Opern des Komponisten uraufgeführt – nämlich *Tristan und Isolde* (1865), *Die Meistersinger von Nürnberg* (1868), *Das Rheingold* (1869) und *Die Walküre* (1870). Und als 1876 halb Europa zur Eröffnung des Festspielhauses auf den Grünen Hügel nach Bayreuth pilgerte, um der ersten Aufführung des vierteiligen *Rings des Nibelungen* beizuwohnen und den Zyklus als »Werk der Avantgarde« zu feiern, galten die Huldigungen auch Ludwig II. Denn ihm war nicht nur die glückliche

Vollendung des *Rings* zu verdanken. Der König hatte in seiner gewohnten Großzügigkeit auch die Fertigstellung des Festspielhauses ermöglicht.

Die spektakulären Theaterereignisse färbten auf das gesellschaftliche Leben der königlichen Haupt- und Residenzstadt ab: »Die Zahl der ›Wagnerianer‹ wuchs damals in München so rasch wie die der Halme in einem günstigen Jahr«, berichtet Kobell. »Kinder erhielten in der Taufe die Namen Isolde, Elsa und Siegfried, Metall- und Porzellanschwäne prangten in den Salons; in Gesellschaften, auf der Militärparade, im Weinhaus und Bierkeller ertönten Wagnersche Motive, Chöre und Märsche. Man lebte in einer Sphäre der Schwärmerei. An kalten Wassergüssen fehlte es auch nicht. Die verschiedenen Musikparteien traten sich fast gehässig gegenüber. Freunde wurden zu Feinden, Feinde zu Freunden, je nachdem, ob man Wagner oder Mozart auf den Schild hob.«

Am Hof nahm die Missgunst gegenüber dem Komponisten freilich

Auch Fafner, der schreckliche Lindwurm aus Wagners *Rheingold*, will bewegt werden

Hinter den Kulissen der Uraufführung von Wagners
Rheingold – schwirrende Rheintöchter

deutlich zu. So meldete der österreichische Gesandte im Mai 1865 nach Wien: »Daß Seine Majestät bereits über 80 000 Gulden den Launen dieses Mannes geopfert hat, will ich als geringfügig übergehen, ebenso die verschiedenen Skandale, welche die Vorbereitungen der Oper *Tristan und Isolde* begleiteten und alle Zeitungen seit Wochen füllen. Was soll man aber dazu sagen, daß Wagner Briefe vorweist, worin er mit ›Du‹ angeredet und in den überschwenglichsten Ausdrücken gelobt wird? Diese und ähnliche Züge machen einen seltsamen Eindruck. Im Volke nennt man Richard Wagner [in Anlehnung an die Tänzerin Lola Montez, die als zeitweilige Geliebte des Großvater Ludwigs II. in die Annalen eingegangen ist] nur mehr den Lolus.«

Eine homosexuelle Beziehung des Königs zum Komponisten findet in den Quellen keine Bestätigung und ist eher unwahrscheinlich. Außerdem beglich Ludwig II. sämtliche Zahlungen an Wagner aus seinem privaten Vermögen. Der Unmut aber spiegelt sich auch in anonymen Spottversen wider. So hieß es beispielsweise:

> *Richard Wagner ist ein Mu-*
> *sikus und ein Poet dazu,*
> *es leckt ihm König Lu-*
> *dewig den Staub vom Schuh.*

Selbst der österreichische Nationaldichter Franz Grillparzer, dessen Werk Ludwig II. sehr schätzte, hetzte gegen den Künstlerkollegen Wagner:

> *Die Agnes Bernauer,*
> *Eine Baderstochter,*
> *Warfen die Bayern in die Donau,*
> *Weil sie ihren Fürsten bezaubert.*
> *Ein neuer Salbader*
> *Bezaubert euern König:*
> *Werft ihn, ein zürnender Landsturm,*
> *Nicht in die Isar, doch in den Schuldturm.*

Zum endgültigen Eklat kam es 1865. In jenem Jahr wurde bekannt, dass jenes Festspielhaus, das letztlich in Bayreuth errichtet wurde, eigentlich am Münchner Isarhochufer entstehen sollte – ungefähr auf halber Strecke zwischen Maximilianeum und Friedensengel. Der König plante mit diesem Bau nichts weniger als das damals größte Opernhaus der Welt und betraute mit den Entwürfen keinen Geringeren als Gottfried Semper, den alten Weggefährten Wagners. Am 6. November 1865 schrieb Ludwig II. an Semper: »So vereinigen sich nun der größte der Architecten und der größte der Dichter und Tonkünstler ihres Jahrhunderts, um ein Werk zu vollführen, welches dauern soll bis in die spätesten Zeiten, zum Ruhm der Menschheit.«

Schon bald traf das Modell ein. Das hölzerne Monstrum ließ laut Kobell »das Prachtdenkmal ahnen, welches München an weithinschauender Stelle schmücken würde.« Um den Blick in spektakulärer Weise von der Stadtmitte auf den neuen Point de vue zu lenken, dachte Semper an einen repräsentativen Boulevard, der – parallel zur Maximilianstraße – vom Hofgarten in Richtung Osten verlaufen, die Isar mittels einer imposanten Brücke überwölben und dann in einer »großartigen Auffahrt im reichsten Renaissancestil« zum Festspielhaus hinaufführen sollte. Dort plante Semper weitere Überraschungen: Auf Wunsch Wagners war der Zuschauerraum nicht, wie üblich, als Logentheater konzipiert, sondern in Form eines ansteigenden Auditoriums, das von allen Plätzen eine ausgezeichnete Sicht auf die Bühne bieten würde.

Mit diesem Kunstgriff wollte Wagner an den »demokratischen« Charakter des antiken Amphitheaters anknüpfen, das keine Standesschranken kannte. Außerdem sollten die Instrumentalisten – erstmals in der Musikgeschichte – für das Publikum unsichtbar sein, weswegen Semper einen Orchestergraben entwarf, den sogenannten »mystischen Abgrund«. »Der Voranschlag für den Bau entzifferte rund eine Million Gulden, welcher Betrag durch Anlage der Straße und Erbauung der Brücke sich auf etwa fünf Millionen erhöht hätte«, berichtet Kobell. »Fünf Millionen erschienen aber damals eine unerschwingliche Summe, und die Kassabeamten, durch König Maximilian an einen sparsamen Haushalt gewöhnt, erhoben mit einem Teil der königlichen Umgebung Widerspruch.« Mit anderen Worten: Der hochfliegende Plan des Königs, dessen Ausführung München

Der große Wurf – Gottfried Semper (links), Ludwig II. und Richard Wagner planen ein Festspielhaus für München

zu einer Musikmetropole von Weltrang erhoben hätte, wurde von der Bürokratie in der Luft zerrissen.

Gleichzeitig musste Wagner das Feld räumen und München durch den Hinterausgang verlassen: Am 10. Dezember 1865 um kurz nach fünf Uhr morgens betrat er die menschenleere Halle des damaligen Münchner Centralbahnhofs. Er »sah gespenstisch aus; bleiche, verworrene Züge und das lange, schlaffe Haar ganz grau schimmernd. Wir gingen mit ihm hinaus an den Waggon«, so der Maler und Wagner-Freund Peter Cornelius. »Als der Waggon hinter dem Pfeiler verschwand, war es wie das Zerrinnen einer Vision.«

Letztendlich war dem König klargeworden, dass er Wagner gegen den wachsenden Widerstand seiner Umgebung nicht halten konnte. Die Vorwürfe lauteten, der Komponist treibe »sybaritischen [genusssüchtigen] Aufwand«, übe einen »nachteiligen Einfluß« auf Ludwig II. aus – sei gar »des Monarchen böser Genius«. Außerdem hatte sich Wagner mit der ihm eigenen Polemik, seinem extravaganten Lebenswandel und seinen Versuchen, die bayerische Politik mitzubestimmen, keine Freunde gemacht. Ludwig II. war noch aus einem anderen Grund schwer enttäuscht: Wagner hatte ihn belogen und vorgegeben, Cosima von Bülow, die Gattin des Dirigentin Hans von Bülow, sei »nur« seine Muse. In Wirklichkeit war sie längst die Geliebte des Komponisten. Dabei hatte der König zuvor noch eine Ehrenerklärung für Wagner und Cosima abgegeben!

Für Ludwig II. müssen das Festspielhaus-Desaster und der erzwungene Abgang Wagners trotzdem schockierend gewesen sein. Freilich, im Gegensatz zum späteren Kaiser Wilhelm II., der Wagner für einen »ganz gemeinen Kapellmeister« hielt und ihm vorwarf, »zu viel Krach« zu machen, blieb Ludwig II. dem Schöpfer des *Lohengrin* als Mäzen zeitlebens treu verbunden – trotz zahlreicher Scharmützel, die er mit dem Komponisten noch ausfocht. Was der König jedoch nicht vergaß, war die öffentliche Zurecht- und Zurückweisung, die er im Zusammenhang mit dem geplanten Festspielhaus auf dem Münchner Isarhochufer erlebt hatte. »Damit wird Ludwig vollends in den eigensten Bereich verdrängt«, resümiert Eberhard Hanfstaengl, ein früherer Generaldirektor der Bayerischen Staatsgemäldesammlungen. »Die ›Öffentlichkeit‹ hat sich ihm verweigert, in Zukunft versagt er sich ihr in steigendem Maße bis zur völligen und gewollten Vereinsamung.«

Ich kann nicht leben in dem Hauch der Grüfte
Der Rückzug

Ludwig II. liebte die Illusion. Deshalb ließ er – kaum auf den Thron gekommen und damit erstmals in der Lage, ungefragt größere Ausgaben tätigen zu können – sein Schlafzimmer in Hohenschwangau neu gestalten. Als alles fertig war, »schien ein künstlicher Mond auf sein Bett, ein künstliches Firmament erglänzte an der Decke, imitierte Orangenbäume umstanden sein Lager, und ein Wasserfall rauschte ihn in den Schlaf«, so Luise von Kobell. Weil der Mond einige Jahre später »nicht mehr so schön leuchtete wie früher«, erhielt der Hofsekretär den Auftrag, »Euer Hochwohlgeboren möchten ihn reparieren lassen«. Außerdem wünschten Seine Majestät an einem Julisamstag des Jahres 1865, ebenfalls in Hohenschwangau, »von 6 Uhr abends an künstliche Lichteffekte mir vorgeführt zu sehen, und zwar Sonnenauf- und -untergang, Mondschein, Regenbogen, elektrisches Licht, Donner, Blitz, Wind- und Wasserrausch-Maschine«.

Auch der zwanzigste Geburtstag des Königs wurde mit einer kleinen Inszenierung gefeiert: Paul von Thurn und Taxis, der musikalisch hochbegabte Flügeladjutant und Intimus Ludwigs II., zwängte sich zum abendlichen Ausklang des Festes in eine silbern schimmernde Ritterrüstung und ließ sich – in einem Schwanennachen stehend – über den Alpsee bei Hohenschwangau ziehen. Dazu schmetterte er, von elektrischem Licht prachtvoll in Szene gesetzt, eine Arie aus Wagners *Lohengrin*. In späteren Jahren fand der königliche Geburtstag meistens ohne Gäste statt. Auf die Illumination aber wollte Ludwig II. nicht verzichten. Zu diesem Behufe wurden beim Oberstthofmarschallstab mindestens dreihundert, von Stea-

Die erste große Liebe Ludwigs II.? Paul von Thurn und Taxis
als Lohengrin auf dem Alpsee bei Hohenschwangau

rinkerzen erleuchtete »Ballons« (Lampions) geordert – darunter »cocardenförmige, tulpenförmige, ovale oder chinesische mit vergoldeten Knöpfen, große oder gewöhnliche kugelförmige« sowie »Ballons aus Mollstoff mit vergoldeten Kronen«.

Ähnlich verwunschen ging es bei den anfänglich noch stattfindenden »Familientafeln« zu. Sie fanden in der Regel im väterlichen Wintergarten in der Münchner Residenz statt. »Mit seinem Rosenpavillon, aus dem weiße Tauben flatterten, mit den über grüne Hügel und Blumenbosquete schwebenden Genien in kunstvoll magischer Beleuchtung« glich der Glasbau bei einer dieser Gelegenheiten laut Kobell einem »Feenhain«. »Diese Wintergartenfeste, welche Ludwig II. so sehr liebte, hatten wirklich etwas

Sinnberückendes«, so Kobell weiter. »Ich habe oftmals von den Fenstern unseres rückwärts gelegenen Zimmers in der Residenz diese Lichtwunder, die sich gegenüber abspielten, in stiller Bewunderung wahrgenommen.« Außerdem ließ Ludwig II. nach Rupert Hacker »jährlich mindestens einmal ein Feuerwerk« für sich abbrennen und die »Wasserfälle der Pöllat oder der Kainzen« nahe dem heutigen Schloss Neuschwanstein »bengalisch beleuchten«.

Eines der schönsten Feste richtete der König zu Ehren von Maria Alexandrowna aus. Die Gattin des russischen Zaren, eine gebürtige Prinzessin von Hessen-Darmstadt und Mutter jener gleichnamigen Tochter, um deren Hand Ludwig II. einst angehalten haben soll, war Ende September 1868 mit großem Gefolge auf dem Weg von Kissingen nach Como, wo sie laut Kobell »eine Traubenkur gebrauchen wollte«. Der König hatte Maria Alexandrowna 1864 näher kennen und schätzen gelernt. Die »äußerst geistreiche und liebenswürdige Fürstin« machte auf ihn den »Eindruck einer Heiligen« und erschien ihm als »Glorie der Reinheit«. Deshalb ließ er es sich nicht nehmen, die Hochverehrte zu drängen, bei der Durchreise in Schloss Berg am Starnberger See Station zu machen.

»Zu bequartieren« waren laut eines Protokolls im Geheimen Hausarchiv insgesamt achtundzwanzig Personen, darunter die Obersthofmeisterin Gräfin Protasoff, der Kammerdiener Kadykoff, der Friseur Greff, der »Kapell-Sänger« Tschondrowsky, der »Kaffee-Schenk« Toutoukin, der Koch Michailow und der »Feldjägers-Lieutnant Heffert mit drei Kosaken«. Ludwig II. zeigte sich von seiner charmantesten Seite. Er zog sich ins Nebengebäude, laut Kobell in »die Bureauräume seines Sekretariats« zurück und überließ der Zarin sein Schloss. Die Gemächer hatte er genauso einrichten lassen, »wie die Kaiserin es in einem ihrer russischen Lustschlösser gewohnt war. Zur Ausschmückung der Zimmer, welche Ihre Majestät die Kaiserin von Rußland in Berg bewohnte, hat Hofphotograph Joseph Albert leihweise hergegeben: 1 lebensgroßes Brustbild Seiner Majestät des Kaisers von Rußland, 1 lebensgroßes Brustbild Ihrer Majestät der Kaiserin von Rußland, 1 Doppelbild der Kaiserlichen Majestäten, 4 Bilder, nämlich Scenen aus dem Kaukasus darstellend nach Entwürfen von Hatschek photographiert. Sämtliche Bilder sind in Goldrahmen befindlich«, heißt es in den Akten des Obersthofmeisterstabs.

Das war aber noch nicht alles. Den Höhepunkt des Besuchs bildete ein abendliches Spektakel auf der nahen Roseninsel – jenem »Eiland«, dessen betörendes Duftkonzert mit seinen zarten Noten von »Zimmt-, Pompon-, Monats-, Bourbon-, Bischofs-, Moschus- und Pfingstrosen« Kobell »nur in Persien gesucht hätte«. Der Garten, so Kobell weiter, »bot einen herrlichen Anblick, denn Carl Effner, [der Leiter der bayerischen Hofgärten] hatte unter die einheimischen Bäume und Blumen exotische Pflanzen in voller Blüte gestellt und eine zweite Fontäne, gleich der bereits vorhandenen, aus einem improvisierten Bassin sprudeln lassen. Eine Statue der Siegesgöttin und einige antike Steingebilde erhöhten den Reiz der Landschaft.«

Für den amtlichen Führer *Die Roseninsel im Starnberger See* hat der Kunsthistoriker Elmar D. Schmid den genauen Ablauf jenes Abends recherchiert. Danach kam Ludwig mit der Zarin im Anschluss an eine Dampferrundfahrt auf die Insel, wo das Diner mit Serenade vorbereitet war: »Bei Einbruch der Dunkelheit begann die Beleuchtung von Schlössern und Landhäusern am See. Possenhofen war prächtig illuminiert, Schloss Starnberg leuchtete, von einem Flammengürtel umgeben, und Schloss Berg erstrahlte bengalisch in bunter Schönheit wie im Feenmärchen. Hunderte von beleuchteten Booten mit glühenden Ballons in allen Farben kreuzten auf dem See. Auf der Roseninsel flammte plötzlich elektrisches Licht auf, die Flut schimmerte wie flüssiges Silber, eine breite Lichtbahn wies den Weg zurück nach Berg, wo alsbald das hellglänzende königliche Dampfschiff ›Tristan‹ anlegte, begleitet vom großen Dampfer ›Maximilian‹ mit der Regimentsmusik. Unter Jubelrufen schritten die Majestäten durch den bengalisch beleuchteten Park zum märchenhaft illuminierten Schloss. Das Finale dieses nächtlichen Gesamtkunstwerks genossen Maria Alexandrowna und Ludwig II. vom Balkon des Schlosses aus: ein Fischerstechen und danach ein farbensprühendes, auf Flößen gezündetes Feuerwerk, eine ›Wunderfontäne‹ in bengalischer Feuerpracht und als Abschluss ein Brillantfeuerwerk im nachtdunklen See mit dem monumentalen Namenszug der Kaiserin, begrüßt von den Klängen der russischen Kaiserhymne.« Angesichts dieser Prachtentfaltung mag man gern glauben, dass die Zarin dieses Ereignis als »das poetischste Fest meines Lebens« bezeichnet haben soll.

Ludwig II. brauchte solcherlei Inszenierungen immer wieder. An Weihnachten 1870 verlangte er für das Bescherungszimmer in seinem neu eingerichteten Appartement in der Münchner Residenz einen ganzen Wald

»Das poetischste Fest meines Lebens« – Zarin Maria Alexandrowna zu Gast
bei Ludwig II. in Berg am Starnberger See (Joseph Watter, 1868)

von Christbäumen: »Der Eindruck, den ein auf angegebene Art decoriertes Zimmer machen müsste«, heißt es in einem Schreiben an den Hofsekretär, »wäre ein freier Platz in einem mit vielen Wachslichtern erleuchteten Walde.«

In den Wochen vor Weihnachten herrschte am Hof ohnehin der Ausnahmezustand. Denn »die Christbescheerungen brachten einen Hauptzug im Charakter des Königs, Anderen Freude zu machen, zur vollen Geltung«, so Kobell. »Schon im November ließ er sich zur Ansicht alle möglichen Gegenstände nach Hohenschwangau senden.« Kam er in dieser Zeit nach München, besuchte er nach anderer Quelle »an mehreren Abenden eine Anzahl Läden und machte persönlich große ›königliche‹ Einkäufe«. Jedenfalls glichen die Gemächer Ludwigs II. in jenen Wochen zunehmend »reichen, prunkenden Barken«, oder – wie sich Kobell ausdrückt – einem »Bazar, in dem sich Juwelen, Seide und Sammt, Bücher, Photographien, Elfenbeinschnitzereien, Vasen und Flacons in reizender Mannigfaltigkeit ausbreiteten. Die Auswahl der Weihnachtsgeschenke war eine mühsame Arbeit für Ludwig II., denn er beschenkte die Königin-Mutter, alle Prinzen und Prinzessinnen in Bayern, die Hofdamen, seinen dienstthuenden Adjutanten, den Kabinettsekretär, den Leibarzt, den ihn bei seinen Fahrten begleitenden Stallmeister und seine Dienerschaft. Die für die Armen übliche Summe vermehrte der König oft um das Doppelte. Bisweilen machte es ihm Vergnügen, wie im Märchen den Hans im Glück durch eine kostbare Gabe zu verblüffen, und da geschah es, daß ein kleiner Rosselenker ein Kleinod bekam, das er sich im höchsten Flug seiner Wünsche nicht hätte träumen lassen. Einen ehemaligen Lehrer vergaß er nie zur Weihnacht, und immer bescheerte er auch dem Betreffenden diejenigen Dinge, die dessen Neigung entsprachen. Im großen Ganzen entfaltete der König eine Freigebigkeit und einen Glanz, wie es in den Feengeschichten erzählt wird.«

Einen Eindruck davon, wie großzügig der König zu schenken pflegte, verdeutlicht die Auflistung jener Gaben, die Ludwig II. an Weihnachten 1864, also in seinem ersten Regierungsjahr, seiner ehemaligen Erzieherin samt einem handgeschriebenen Brieflein zukommen ließ: »Nun ist ja das schöne Weihnachtsfest wieder nahe! – Ich übersende Dir hier einige kleine Geschenke; ich denke, sie werden Dir Freude bereiten. – 1.) Ein Armband mit meinem Bilde. 2.) Ein Bild aus der Allerheiligenhofkirche [der Münchner Residenz] zur Erinnerung an die Zeiten meiner Kindheit; da ich mit Dir die ersten Male diese Kirche besuchte. – 3.) Eine Tasse, auf welcher Du links oben die Fenster meiner Zimmer erblickst. – 4.) Ein Photographiealbum mit Maiblumen, weil Du eine Freundin der Blumen bist. – 5.) Einen Fächer mit einem Schwan. <u>Für die Haushaltung.</u> 6.) Eine Silberne Teekanne. – 7.) Ein Tassenservice, mit den bayerischen Farben [Weiß und Blau], als guter Patriotin. – 8.) Ein Dutzend Teller mit Ansichten aus dem bayerischen Gebirge, sie werden Dich an frühere Jahre erinnern, Dir deßhalb vielleicht willkommen sein.«

Nach der 1871 erfolgten Währungsumstellung soll Ludwig II. pro Jahr bis zu dreihunderttausend Mark – nach heutiger Kaufkraft knapp drei Millionen Euro – allein für Weihnachtsgeschenke ausgegeben haben. Das sind knapp sieben Prozent seiner jährlichen Einkünfte, die sich auf 4231044 Mark beliefen. Von diesem Betrag musste der König allerdings auch den Unterhalt des Hofstaats, der Gebäude und der Theater finanzieren.

Außerdem blieb ihm das Regieren nicht erspart. Zu allem Übel stand 1866 der Deutsche Bruderkrieg ins Haus. Die Preußen und die mit den Bay-

Nächtliche Ankunft in Tirol – die Wirtsleute
des Gasthauses am Fernstein begrüßen den
Gast aus Bayern

ern verbündeten Österreicher konnten sich nicht darauf einigen, wer künftig im deutschen Sprachraum das Sagen haben würde – mit dem Ergebnis, dass die preußischen Armeen Ende Juni im damals habsburgischen Böhmen einmarschierten. Zur gleichen Zeit bezogen die bayerischen Truppen in Franken ihre Stellungen. Ludwig II. reiste ihnen entgegen, versuchte ihnen Mut zuzusprechen. Unerwartet trat er in blausilbernem Waffenrock und umgehängtem langen Reitermantel durch die aufspringenden Türen der Offiziersmessen – »wie ein Gralsritter«, beobachtete ein Augenzeuge. »Aber was vermag ein Gralsritter in diesem modernen Krieg?«, fragt der einstige Münchner Geschichtsprofessor Karl Alexander von Müller: »Der König, bei aller körperlichen Rüstigkeit völlig unsoldatisch, künstlerisch sensitiv – schon die Jagd war ihm ein Greuel – blieb niedergeschmettert. Er hatte nie die kleinste Truppe geführt, er übernahm auch jetzt kein Kommando. Alle Verzweiflung des Ohnmächtigen, alles Entsetzen vor dem, was kommen konnte, brach über ihn herein.«

Die entscheidende Schlacht, angeblich die blutigste des neunzehnten Jahrhunderts, wurde am 3. Juli 1866 rund zehn Kilometer nordwestlich von Königgrätz, in der weiten Ebene zwischen der Elbe und dem Flüsschen Bistritz, geschlagen. Über vierhunderttausend Soldaten standen sich gegenüber. Nach wenigen Stunden wand sich eine ganze Generation junger Männer sterbend in ihrem Blut. »Ihr glaubt, ihr habt ein Reich geboren, und habt doch nur ein Volk zerstört«, schleuderte Grillparzer den siegreichen Preußen entgegen. Deren Truppen behielten auch bei den Gefechten in Franken die Oberhand, besetzten am 28. Juli Bayreuth und am 1. August Nürnberg. Einen Tag später trat der Waffenstillstand in Kraft. Ludwig II. musste kapitulieren, dreißig Millionen Gulden an Berlin bezahlen und sich dazu verpflichten, im neuerlichen Kriegsfall an der Seite Preußens ins Feld zu ziehen.

Das war zu viel für ihn: »Zum erstenmal hören wir aus der verschwiegenen Stille seiner Schlösser den qualvollen Wunsch, abzudanken, die Regierung seinem Bruder zu überlassen, zu fliehen«, so Müller. Letzten Endes kam Ludwig II. von solchen Gedanken wieder ab. Er folgte sogar dem Rat seiner Umgebung, »die fränkischen Provinzen« – die einzigen Landesteile, die vom Krieg betroffen waren – noch einmal zu besuchen. Die Reise dauerte viereinhalb Wochen »und glich einem Triumphzuge, welcher alle Elemente einer großen Feier in sich vereinte, Beflaggung, Beleuchtung, Reden, Festjungfrauen, Musterung der Truppen, Galatafeln, Konzerte, Bälle, Jubeln und Jauchzen«, so Kobell.

In Bayreuth fuhr der König laut den Presseberichten jener Tage »im offenen Wagen unter dem Geläute aller Glocken durch die festlich geschmückte Stadt«. In Hof wurde er »von der ihn begleitenden Menge mit Blumen überschüttet« und nahm spätabends »noch eine Serenade mit Fackelzug entgegen«. In Bamberg beehrte er »den Ball der Bürgergesellschaft ›Concordia‹ mit seiner Gegenwart«, tanzte sechs Françaisen und besuchte verwundete Soldaten im Militärhospital. In Schweinfurt gewährte er »Aerzten und barmherzigen Schwestern Audienz«. In Aschaffenburg fuhr er trotz Novembersturms unter Hochrufen »durch die illuminierte Stadt«. Als er in Würzburg eintraf, begrüßte ihn am Bahnhof »eine riesige Menschenmenge«, abends erwartete ihn eine »Festvorstellung im Theater«. Am 29. November nahm er die »Schlachtfelder von Roßbrunn, Helmstadt, Hettstatt etc.« in Augenschein. »Als er abends zurückkehrt, liegt großer Ernst auf seinen Zügen.«

Bei seinem festlichen Einzug in Nürnberg mischte sich Kanonendonner unter das Geläut der Glocken. Die Honoratioren der Stadt hatten sich »in der zum Ballsaal verwandelten und herrlich geschmückten Turnhalle« versammelt, wo sofort nach der Ankunft Ludwigs II. die Polonaise begann, »zu der der König mit Frau Bürgermeister von Wächter antritt. Die fünf folgenden Kontretänze tanzt er mit Frau Bürgermeister Seiler, mit Freifrau von Tucher, mit Frau Oberstleutnant Dumm, mit Frau von Sternberg und Frln. von Haller.« An einem der nächsten Abende erstrahlte Nürnberg im Glanz seiner illuminierten Straßen. Und als der König, nachdem er Tage zuvor bereits einer Aufführung der Festoper *Die Afrikanerin* gelauscht hatte, zu einer Extravorstellung von Beethovens *Fidelio* fuhr, waren »die Türme der Sebaldus- und Lorenzkirche durch bengalische Flammen beleuchtet – ein pompöser Anblick«. Ludwig II. zeigte sich derart angetan von der Atmosphäre der mittelalterlichen Reichsstadt, dass er darüber nachdachte, den Regierungssitz von München nach Nürnberg zu verlegen.

Die dichtgedrängten Wochen samt der ständig wiederkehrenden Bälle, Empfänge, Illuminationen und Theaterbesuche hatten aber auch ihre Spuren hinterlassen. Ludwig II., gesundheitlich zeitlebens labil, fühlte sich maßlos erschöpft und kehrte gar nicht erst nach München zurück. Stattdessen floh er von Nürnberg direkt in die Abgeschiedenheit des elterlichen Sommerschlosses Hohenschwangau. Formulierte er damals den von Kobell überlieferten Satz: »Ein Regent ist das Ovationsopfer einer Festfeier«? Jedenfalls beklagte er sich später: »Es ist entsetzlich, aber ich kann es nicht mehr ertragen, mich von Tausenden Menschen anstarren zu lassen, tau-

Die neue bayerische Hauptstadt? Nürnberg, letzte Station der »Frankenreise« Ludwigs II. (T. Rothbart, 1868)

sendmal zu lächeln und zu grüßen, Fragen an Menschen zu richten, die mich gar nichts angehen, und Antworten zu hören, die mich nicht interessieren! Nein! Ich kann aus der Einsamkeit nicht mehr heraus.«

War der selbstbewusste, rhetorisch hochbegabte König mit der sonoren Stimme wirklich menschenscheu geworden? Oder träfe es den Kern besser, von einem Rückzug ins Private zu sprechen? Seine Versuche, den neugierigen Blicken der Öffentlichkeit zu entkommen, wurden jedenfalls immer deutlicher. Kobell berichtet: »Während des Aufenthaltes in München wohnte der Monarch bis um das Jahr 1874 regelmäßig dem sonntäglichen Hochamt in der Königsloge in der Allerheiligenhof-Kirche bei. Hatte er sein Hoflager in Berg aufgeschlagen, so hörte Ludwig II. vormittags 11 Uhr die Messe in der Dorfkapelle zu Oberberg, und der Zutritt war niemandem verwehrt. Nach jenem Zeitpunkt ließ der König in München meist in der alten Hofkapelle eine Messe für sich allein celebrieren und besuchte in Berg nur mehr das in seinem Parke aufgeführte Kirchlein.« Ebenfalls 1874 ging er zum letzten Mal bei der Münchner Fronleichnamsprozession mit, bei der es zur Tradition gehörte, dass der Landesherr mit einer brennenden Kerze in der Hand das Allerheiligste begleitete.

Gleichzeitig dehnte Ludwig II. seine Aufenthalte außerhalb der Hauptstadt aus. Es war ja nicht so, dass er an »akuter Wohnungsnot« gelitten hätte, wie schon Hans F. Nöhbauer, der ebenso kundige wie verschmitzte Autor des Führers *Auf den Spuren Ludwigs II.*, treffend bemerkte. Mit der Münchner Residenz und ihren sieben Innenhöfen verfügte der König über einen historisch gewachsenen und künstlerisch höchst bedeutsamen Schlosskomplex, in dessen verwirrender Vielzahl von Stiegenhäusern, Fluren und Raumfluchten sich sogar die Hofbeamten regelmäßig verirrten. Ludwig II. selbst bewohnte ein Appartement im Dachgeschoss des nordwestlichen Eckpavillons am heutigen Odeonsplatz. Es waren vier luxuriös ausgestattete Zimmer, von denen man einen herrlichen Blick auf die Theatinerkirche und hinunter in den Hofgarten mit dem Dianatempel hatte. In der Würzburger Residenz – von Napoleon als »das schönste Pfarrhaus der Welt« bezeichnet, weil hier einst ein Fürstbischof logierte – waren für den König jederzeit die »Toskana-Zimmer« reserviert, in der Nürnberger Kaiserburg das »Königsappartement« und auf der Burg Trausnitz oberhalb von Landshut eine Raumfolge im altdeutschen Stil, die man eigens für Ludwig II. eingerichtet hatte.

Allerdings schätzte der König keines dieser Domizile. Umso mehr liebte er Hohenschwangau – und Schloss Berg, das seit 1676 im Besitz der Familie Wittelsbach ist, ebenfalls von Maximilian II. umgebaut und in den Tagen Ludwigs II. technisch aufgerüstet wurde: Eine Telegraphenleitung nach München sollte das tägliche Regierungsgeschäft erleichtern. Daneben suchte Ludwig II. immer häufiger jene Pirschhäuser des Vaters auf, die zwischen Lenggries und Füssen »auf freier Bergeshöhe« lagen – beispielsweise auf dem Pürschling oberhalb von Unterammergau, auf dem Herzogstand mit Blick über den Walchensee oder auf dem Grammersberg nahe dem heutigen Sylvensteinspeicher.

Umgeben von schneebedeckten Alpengipfeln und »entrückt dem Getreibe der Menschenmenge« lebte der König auf. Vom Altlacher Hochkopf schrieb er an Richard Wagner: »Nun bin ich wieder in den herrlichen Bergen, in Gottes freier Natur. Hier wohne ich in einer stillen und trauten Hütte, umgeben von herrlichen Tannen mit frischem Grün geschmückt; durch eine Lichtung blicke ich in herrliche Fernen, Berge und Täler liegen vor mir ausgebreitet.«

Die wechselnden Naturstimmungen brachten das häufig angegriffene Nervenkostüm des Königs regelmäßig in Ordnung. So berichtet Theodor Hierneis, der Ludwig II. in späteren Jahren als »Kücheneleve« und Hofkoch auf vielen »Parthien« begleitete: »Wenn der Mond die fernen Bergspitzen bestrahlt, wenn früh morgens die ersten Sonnenstrahlen die Gipfel rings-

Vergleichsweise bescheiden – der König zu Hause in Berg

»Wenn morgens die ersten Sonnenstrahlen die Gipfel ringsum vergolden« – Pavillon Ludwigs II. auf dem Gipfel der 2050 Meter hohen Schöttelkarspitze im Karwendel

um vergolden, wenn die Nebelschwaden gespenstisch über die Riffe ziehen und das schleifende Lied des Auerhahns die herannahende Morgenröte verkündet, das ist es, was den König immer wieder auf seine geliebten Berge zieht und ihn die Umwelt vergessen läßt.«

In München dagegen fühlte sich Ludwig II. zunehmend unwohl. Er klagte über »Kongestionen« (Blutandrang), schimpfte über den »Qualm der Städte«, und zeigte sich nach dem Zeugnis seines zeitweiligen Kabinettssekretärs Friedrich von Ziegler häufig »in übelster Laune«. So soll sich der König wiederholt »in Ausdrücken des tiefsten Hasses gegen die Stadt München« ergangen haben: »Oft mußte ich hören, wie schön es wäre, wenn man das verfluchte Nest an allen Ecken anzünden könnte.« Moderater äußerte sich Ludwig II. gegenüber der österreichischen Schauspielerin Marie Dahn-Hausmann, die seit 1848 am Münchner Hoftheater engagiert war: »Elend und betrübt, oft im höchsten Grad melancholisch, bin ich in der unseligen Stadt. Ich kann nicht leben in dem Hauch der Grüfte, mein Atem ist die Freiheit! Wie die Alpenrose bleicht und verkümmert in der Sumpfluft, so ist für mich kein Leben als im Licht der Sonne, in dem Balsamstrom der Lüfte!«

Die Leidenschaft für die »Bergeshöhe«, wo seinem Urteil nach »die Seele dem Schöpfer näher« war als anderswo, hatte er von den Eltern geerbt. Zugegeben – die knapp fünfwöchige »Fußreise« von Lindau nach Berchtesgaden, bei der Maximilian II., der Vater, im Sommer 1858 die Lebensumstände seiner Untertanen kennenlernen wollte, hatte dieser wegen anhaltenden Nieselregens weitgehend in seiner komfortablen Karosse hinter sich gebracht. Dafür traf man ihn, wenn das Wetter mitspielte, bei ausgedehnten Wanderungen rund um Hohenschwangau, bei strammen Ausritten nahe Berchtesgaden oder – aus Gründen der Jagd – auf einer seiner neunzehn Berghütten. Bei solchen Touren wurde er oft von Marie, seiner Gattin, der Mutter Ludwigs II., begleitet, die die Sommer ihrer Kindheit hauptsächlich auf dem elterlichen Sommersitz am Fuße der Schneekoppe im Riesengebirge verbracht hatte und mit Dorfkindern, Hühnern und einem eigenen Butterfass aufgewachsen war.

Mit seiner Bergbegeisterung stand Ludwig II. also in bester Familientradition. Allerdings suchte er die väterlichen Pirschhäuser deutlich öfter auf als seine Eltern. Die bescheidenen Unterkünfte wurden ihm schließlich sogar zur zweiten Heimat – obwohl ihr Komfort in krassem Gegensatz zu jenem der Münchner Residenz oder der Schlösser von Berg und Hohenschwangau stand: »Das Jagdhaus auf dem Hochkopf ist genau so erhalten, wie es Vater Maximilian verlassen hat«, berichtet Hierneis: »Drei einfache Zimmer für den König. Sie sind mit geringsten Mitteln etwas wohnlich gemacht, der Boden ist mit einem grauen, rupfenähnlichen Wollteppich belegt, die Wände mit Jagdstichen und Familienbildern behängt. Im Schlafzimmer ein runder Tisch mit einer Petroleumlampe, in der einen Zimmerecke ein Kachelofen, in der anderen das simple hölzerne Bettgestell, dazu ein paar Stühle und ein geschnitztes Kruzifix.«

Der Weg hinauf war nach dem Zeugnis von Hierneis nicht ohne: »Schon beim Aufstieg treffen wir auf Wild. Erschreckter Vogelruf kündigt unsere Träger-Karawane an. Voraus etwa zwanzig kräftige Männer mit vollbepackten Körben auf dem Rücken, dann ein Mulikarren mit Bier und dem schweren Geschirr beladen und am Schluß Stabskontrolleur Zanders, dem auf Reisen das Amt des Haushofmeisters, die technische Oberaufsicht über den geregelten Ablauf in der Erfüllung der täglichen Bedürfnisse und Wünsche des Königs übertragen war. Ihm folgte die Nachhut, der jourhabende Mundkoch und meine Wenigkeit – wie Zanders auf den Bergponys Halt suchend, die der königliche Marstall zum Hinaufreiten gestellt hatte. Oben angekommen wird gleich ein Schlachtplan entworfen: Die Träger werden losgeschickt, um Wasser von der nächsten Quelle zu holen – man braucht viel Wasser, nicht nur für die Küche, sondern auch für den König, der sofort nach seinem Eintreffen ein warmes Bad wünscht –, einer muß gleich zur nächsten Alm, um frische Milch und Rahm zu holen, andre müssen Eis oder Schnee herbeischaffen, zur Erhaltung der mitgebrachten Lebensmittel, zur Kühlung der Getränke und zur Bereitung des Gefrorenen. Und schon geht's los mit dem Kochen. Gleich kann ja der König nachkommen und das Essen befehlen.«

Auch die einsame Vorderriß, eine verschlafene Zollstation am Oberlauf der Isar nahe der Grenze zu Tirol, war ein häufiges Ziel Ludwigs II. Hier verbrachte der 1867 geborene Schriftsteller Ludwig Thoma als Sohn des Oberförsters seine ersten Lebensjahre. In seinen Erinnerungen heißt es: »An Sonntagen kam der Pater [in die Vorderriß] heraus und las in der Kapelle für Flößer, Jäger, Holzknechte und alle, die zu unserem Haus gehörten, die Messe. Da geschah es zuweilen, daß vorne auf einem mit Samt ausgeschlagenen Betstuhl ein hochgewachsener Mann kniete, der sein Kreuz schlug und der Zeremonie andächtig folgte, wie der Sagknecht oder Kohlenbrenner, der durch ein paar Bänke von ihm getrennt war. Wenn der Mann aufstand und die Kapelle verließ, ragte er über alle hinweg, auch über den langen Herrn Oberförster, der doch sechs Schuh und etliche Zoll maß. Sein reiches, gewelltes Haar und ein Paar merkwürdige, schöne Augen fielen so auf, daß sie dem kleinen Buben, den man zu einem ehrerbietigen Gruß anhielt, in Erinnerung blieben. Der Mann war König Ludwig II. Er weilte allsommerlich sechs bis acht Wochen in der Vorderriß, und erst nach Erbauung des Schlosses Linderhof hat er darin eine Änderung getroffen. Seine Ankunft erfolgte oft unvermutet und war erst wenige Stunden vorher durch einen Vorreiter angesagt. Die Vorbereitungen mussten dann schnell geschehen. Der mit Kies belegte Platz vor dem Königshause wurde gesäubert, Girlanden und Kränze wurden gebunden, alles lief hin und her, war emsig und in Aufregung. Es gab für uns Kinder viel zu schauen, wenn Kuchen- und Proviantwägen und Hofequipagen voraus kamen, wenn Reiter, Köche, Lakaien dienstfertig und lärmend herumeilten, Befehle riefen und entgegennahmen, wenn so plötzlich ein fremdartiges Treiben die gewohnte Stille unterbrach. Die Forstgehilfen und Jäger mit meinem Vater

»Zwanzig kräftige Männer mit vollbepackten Körben, dann ein Mulikarren mit Bier« – die königliche Hofhaltung auf dem Weg zu einem der Berghäuser

an der Spitze stellten sich auf; meine Mutter kam festtäglich gekleidet mit ihrem weiblichen Gefolge, und auch wir Kinder durften an dem Ereignis teilnehmen. Das Gattertor flog auf, Vorreiter sprengten aus dem Walde heran, und dann kam in rascher Fahrt der Wagen, in dem der König saß, der freundlich grüßte und seine mit Bändern verzierte schottische Mütze abnahm. In uns Kindern erregte die Ankunft des Königs stets die Hoffnung auf besondere Freuden, denn der freundliche Küchenmeister versäumte es nie, uns Zuckerbäckereien und Gefrorenes zu schenken, und das waren so seltene Dinge, daß sie uns lange als die Sinnbilder der königlichen Macht und Herrlichkeit galten. Wenn wir zu Bett gebracht wurden, zeigte uns die alte Viktor wohl auch die hell erleuchteten Fenster des Königshauses und erzählte uns, daß der arme König noch lange regieren müsse und sich nicht niederlegen dürfte.«

Die Landbevölkerung zog ihren Nutzen aus der stadtfernen Hofhaltung. So mussten nach Recherchen von Ludwig Hüttl, der die bislang einzige wissenschaftliche Biographie über Ludwig II. verfasst hat, rund um Linderhof »allein im letzten Winter 1885/86 täglich 47 Kilometer Wege zu Spaziergängen und Ausfahrten schneefrei gehalten werden, damit der König verschiedene Strecken wählen konnte. Die im Gebirge lebenden Bauern, die damals im Winter kaum etwas hinzuverdienen konnten, waren froh über diese Nebeneinnahme.« Außerdem profitierte die damalige Gastronomie von Ludwig II. Denn selbst in Postgasthöfen des bayerischen Oberlandes und in Tirol waren Zimmer für ihn angemietet und nach seinen Wünschen ausgestattet worden – beispielsweise am 1210 Meter hoch gelegenen Fernpass, rund fünfundsechzig Kilometer östlich von Innsbruck. Vom 5. November 1872 datiert der noch heute im Geheimen Hausarchiv in München aufbewahrte »Mieths-Vertrag« zwischen »dem Besitzer des Wirthschafts-Gebäudes in Fernstein und dem kg. bay. Hofbaurathe Georg Dollmann aus München«. Danach bezahlte Ludwig II. pro Jahr zweihundert Gulden (nach heutiger Kaufkraft rund 3400 Euro) für »das Zimmer No. 19 des I. Stockwerks«. Er durfte außerdem »bauliche Veränderungen der Wände und des Plafonds und Ofens vornehmen«. Im Gegenzug verpflichtete sich »der Vermiether«, »sämmtliche Einrichtungs-Gegenstände, Meubles, Gemälde, Porzellan, Teppiche etc. in Verwahrung« zu nehmen und »diese Gegenstände durch regelmäßige Lüftung und Reinigung in gutem Zustande zu erhalten«.

Um seine verschwiegenen Refugien von München aus zu erreichen, stand dem König unter anderem der sogenannte Hofzug zur Verfügung. Er hatte vermutlich acht Waggons, darunter einen Gepäck-, zwei Küchen-, einen Dienerschafts- und zwei weitere Personenwagen für das Gefolge und den Reisekommissar. Erhalten sind nur der Salon- und der Terrassenwagen. Sie zählen heute zu den Schmuckstücken des DB-Museums in Nürnberg. Die Entstehungsgeschichte des Hofzugs ist unklar. Jedenfalls war er ein Erbe Maximilians II., des Vaters. Lediglich der Terrassenwagen stammt aus den Tagen Ludwigs II. Der junge König gab ihn am 16. Juli 1865 bei der Nürnberger Eisengießerei Klett & Comp., einem der beiden Vorgängerunternehmen der heutigen MAN, in Auftrag. Damit gehört der Waggon, der den offenen Wagen damaliger Trambahnen ähnelt, zu den ersten »Bauprojekten« Ludwigs II.

Allerdings erschien der jugendlichen Majestät der alte Salonwagen samt Adjutantenzimmer, Hauptsalon, Schlaf-, Toiletten- und Waschkabinett des Königs zu wenig majestätisch. Deswegen ordnete Ludwig II. drei Jahre später die Umgestaltung dieses rollenden fürstlichen Appartements an. Auf dem Dach ließ er nach den Recherchen von Ursula Bartelsheim, die sich als Kuratorin des DB-Museums näher mit der Materie befasst hat, jenes fünfzig Zentimeter hohe detailgenaue Abbild der bayerischen Königskrone anbringen, das noch heute zu sehen ist. An den Längsseiten der Waggons kamen das Landeswappen von 1835 und zwei Blattkränze mit seinem bevorzugten Monogramm, einem gespiegelten ›L‹, dazu. Außerdem erteilte der König den Auftrag, »den Wagen innen wie außen in dem prunkvollen Stil ›Louis Quatorze‹ auszuschmücken, also im Stil Ludwigs XIV. von Frankreich«. Damit war auch der neue Beiname des Salonwagens geboren: »Versailles auf Rädern«. Seither schmücken dralle Putten, üppig vergoldete Blumengirlanden und stilisierte französische Lilien die Wände. Die Deckengemälde im Schlafkabinett symbolisieren den Tag und die Nacht. Die Eckdarstellungen im Hauptsalon zeigen die vier Jahreszeiten, das zentrale Bild in der Mitte vereint die vier im Barock bekannten Erdteile Europa, Afrika, Asien und Amerika beziehungsweise die vier Himmelsrichtungen. Am Ende summierte sich der Umbau auf mehr als neunzehntausend Gulden, umgerechnet etwa 320 000 Euro.

Bei den Luftangriffen, die die Museumsgebäude im Zweiten Weltkrieg beschädigten, blieben die beiden Prunkwagen Ludwigs II. unversehrt. Plünderer entwendeten jedoch alles, was nicht niet- und nagelfest war. Dafür hinterließ Hierneis, der den König des Öfteren begleitete, eine Schilderung der originalen Einrichtung zu Zeiten Ludwigs II.: »Der Hofzug war, wie die ganze räumliche Umgebung des Königs, äußerst luxuriös ausgestattet. Das geliebte Blau und Gold war vorherrschend. Speise- und Salonwagen waren reich mit Seiden drapiert und mit eingelegten Tischchen, goldbestickten Sesselchen und goldumrahmten Spiegeln möbliert.«

Außerdem verfügte Ludwig II. über einen umfangreichen Fuhrpark – darunter ein in Hellblau, Schwarz und Gold gehaltenes Gala-Stadtcoupé mit vier Laternen (1879/80), zwei elegante Landaulets mit rückwärtigen Lakaiensitzen (1879/80), ein Landauer mit Klappverdeck aus Rindsleder (um 1880), ein unauffälliger Brougham mit niedrigem Einstieg (1883) und ein vornehmer Gala-Phaeton mit Halbverdeck (1886). Zu den besonders

»Versailles auf Rädern« – der Salonwagen, Prunkstück
des Hofzugs Seiner Majestät

prunkvollen Fahrzeugen zählten der komplett vergoldete neue Galawagen (1870/71), der an den repräsentativen, für zeremonielle Auffahrten gedachten Wagentypus der »grand carosse« aus der Zeit Ludwigs XIV. anknüpfte. Die schwere Prachtkarosse hatte allerdings ihre Tücken. »Denn abgesehen von der schwierigen Lenkbarkeit dieses vierrädrigen Leviathans, schaukelte derselbe so heftig, daß es die Insassen zu schwindeln begann und sie so unbemerkt wie möglich die Wagengurte als Rettungsanker ergriffen haben sollen«, so Kobell.

Die mangelnde Praktikabilität hielt Ludwig II. nicht davon ab, weitere reichverzierte Fahrzeuge in Auftrag zu geben, etwa den ersten und den zweiten Nymphenschlitten (1875 und 1881) oder den Neuen Prachtschlitten (1878/79), der auch auf Räder gestellt und als kleiner Galawagen genutzt werden konnte. Der puttenverzierte Renaissance- oder Galaschlitten Ludwigs II. (1872) ist vermutlich die bedeutendste Rarität aus dem Fuhrpark des Königs. Denn bei diesem Schmuckstück – es zeichnet sich durch eine von Putten in die Höhe gereckte Krone aus – dürfte es sich um eines der ersten elektrisch beleuchteten Fahrzeuge der Welt handeln: Unter dem Sitz des Königs befindet sich ein Kasten für eine Akkumulatorenbatterie, die eine in der Krone versteckte Glühbirne mit Strom versorgte und auf diese Weise elektrisches Licht erzeugte. Später ließ Ludwig II. auch den Neuen Prachtschlitten elektrifizieren.

Man möchte meinen, der König habe bei seinen Ausfahrten nur die Landschaft genossen. Kobell aber korrigiert: Ludwig II. habe, zumal bei nächtlichen Partien im Winter, seltsamerweise nichts von der Kälte gespürt, während Kutscher, Vorreiter und Lakaien »vor Frost mit den Zähnen klapperten«. Denn Seine Majestät glaubte, angeregt durch die im Schlitten genossene Lektüre, auf einer Reise nach Kaschmir zu sein »und wohl hat sich selten ein Leser mehr in die Beschreibungen dieses wunderbaren Landes vertieft als der König. Aufmerksam las er auf seinen Ausflügen das Werk Wilsons und das von Frederick Drews, sprach er davon, so wußte er genau Bescheid, als habe er selbst in Kaschmir gelebt und alle dortigen Wunderwerke geschaut. Dann rekapitulierte er beim Dahineilen durch heimische Gegenden die indischen Dichtungen – ein blumiger Bergabhang oder der abenteuerliche Vorsprung an einem Hause, auf dem Kräuter und Blumen kunterbunt wuchsen, brachten ihm die hängenden Gärten der Semiramis ins Gedächtnis, und alsbald stand der Beschluß fest, seine Phantasiegebilde zu verwirklichen, denn seine Kunstliebe verstieg sich zu den riesigsten Entwürfen.«

Der zufällige Beobachter einer solchen Szene muss geglaubt haben, einer Phantasmagorie zu erliegen. So berichtet Hans Steinberger: »Den ganzen Glanz eines Märchenkönigs entfalteten die nächtlichen Fahrten zu Wagen und zu Schlitten. Sechs herrliche, milchweiße Rosse in prachtvollen Geschirren bildeten die Bespannung des auch als Schlitten verwendbaren prunkvollen Galawagens im reichsten Barockstil. Königliche Pracht zeigten die Kostüme des Vorreiters und der Stangenreiter, die mit gepuderter Perrücke und Dreimaster das Bild einer Ausfahrt der Rokokozeit vollendeten. Der König trug dabei einen blausammtenen Hermelinman-

Der König als Schiffskapitän – nie realisierte Prunkbarke Ludwigs II., vermutlich für »Parthien« auf dem Chiemsee gedacht (Franz Seitz, um 1875)

tel. Daß er auch eine Krone auf dem Haupt und den Reichsapfel in der Hand gehabt hatte, dürften Zutaten der Phantasie sein. Es war stets ein fesselnder Anblick, diesen stolzen Königszug, welchem Gendarmen oder Chevauxlegers in Galauniform voraussprengten, in toller, rasender Fahrt an sich vorüberhasten zu sehen. Weithin leuchtete die von dem voranreitenden Marstallfourier gehaltene Fackel, und mit Windeseile ging die nächtliche Fahrt auf den einsamen Straßen der entlegenen Gebirgstäler dahin. Rasch wie ein Spuk entschwand das märchenhafte Bild dem Auge, der gleichmäßige Hufschlag der Pferde und das melodische Geklingel der Schellenkränze verklang in nächtlicher Ferne.«

Böhm berichtet ergänzend: »So tief war der Eindruck, daß auch noch lange nach dem Tode Ludwigs II. manche das alles gesehen und gehört haben wollten, und wenn um die Mitternachtsstunde ein ungewöhnliches Geräusch oder ein heller Mondstrahl in ihre niederen Stuben drang, sich bekreuzigten und für die Ruhe der Seele des geliebten Königs beteten.«

Vom Zauber des »Hindu-Kuh«
Die Gegenwelt

Am Nachmittag des 17. Juli 1870, einem Sonntag, hatte sich eine riesige Menschenmenge vor der Münchner Residenz versammelt. »Heil unserm König! Heil!«, schallte es Ludwig II. entgegen, der soeben – von seinem Landsitz Berg kommend – in der Hauptstadt eingetroffen war. »Unbeschreiblich steigerte sich die Freude, so oft sich der Monarch am Fenster zeigte«, berichtet Luise von Kobell. »›Soll ich noch einmal ans Fenster gehen?‹, fragte Ludwig II. in ungewöhnlicher Heiterkeit seinen anwesenden Kabinettssekretär, als unten die Rufe immer lauter und dringender wurden. Dazwischen liefen Dankschreiben und Telegramme in Hülle und Fülle ein. Und abends wohnte der umjubelte König im Hoftheater [einer Aufführung von Wagners] *Walküre* bei.«

Die Begeisterung über die von Ludwig II. angeordnete Mobilmachung gegen Frankreich sollte sich allerdings rasch legen. Und Opernabende gab es in München nun auch keine mehr. Denn »die im Orchester verwendeten Militärmusiker [mussten jetzt] auf dem Schlachtfeld zum Totentanz aufspielen«, so Kobell.

Ludwig II. hatte sich die Entscheidung nicht leicht gemacht und in der Nacht zuvor noch unermüdlich um eine andere Lösung gerungen. »Es war der denkwürdigste Vortrag, den ich bisher in meiner Dienstzeit erlebt«, berichtet August von Eisenhart, der Gatte Kobells und damalige Kabinettssekretär Ludwigs II.: »Der König ging während des Vortrages auf und ab, nur dann und wann setzte er sich für einen Augenblick; ich stand am Arbeitstische. Stunden vergingen über die Auseinandersetzung der

Sachlage, wobei der König wieder das ihm eigene scharfe, schnelle Auffassungsvermögen bekundete. Sehnlich wünschte er eine friedliche Lösung, und immer wieder kam er auf den Satz zurück: ›Ist denn kein Mittel, keine Möglichkeit vorhanden, den Krieg zu vermeiden?‹ Als er die Unmöglichkeit einsah, wurde die Frage erörtert, ob Bayern neutral bleiben könne oder ob es gemäß dem Allianzvertrag von 1866 an Preußens Seite kämpfen müsse.«

Letztlich blieb Ludwig II. aber nichts anderes übrig, als einzulenken – zumal Bismarck, in Kenntnis des desolaten Zustands der damaligen weißblauen Truppen, unverhohlen gedroht hatte, andernfalls in Bayern einzumarschieren und das Land vor den Bergen zu annektieren. Das mag auch der Grund dafür gewesen sein, dass Ludwig II. die im Kriegsfall übliche Beflaggung untersagte. Auf diese Weise entging er nämlich der Notwendigkeit, neben der bayerischen auch die preußische Fahne »aushängen« zu müssen.

Am Münchner Hof war man auf das Schlimmste gefasst. Neben dem Hausschatz der Wittelsbacher wurden die einst von Kurfürst Maximilian I. zusammengerafften Reliquien aus der Reichen Kapelle in Kisten verpackt. Außerdem fror man die königlichen Privatausgaben ein, »um im Bedarfsfalle über erhebliche Gelder verfügen zu können«, so Kobell.

Bei Ludwig II. hatte sich in der Zwischenzeit eine »Nervenabspannung« eingestellt. An ihm nagte nicht nur das ungewisse Schicksal der fünfundfünfzigtausend miserabel ausgerüsteten bayerischen Soldaten, die nun unter preußischem Oberbefehl in die Schlacht zogen. Er litt wohl auch am Krieg an sich: »Mächtig zog ihn wieder die Einsamkeit an; er wünschte sich in sein Phantasieleben zurück. Seine psychischen Eigenheiten beherrschten ihn derart, daß ihm die persönliche Beteiligung am Kriege zur Unmöglichkeit wurde.« Gleichzeitig aber empfand er nach dem Zeugnis Kobells »jede Siegesbotschaft« als »Vorwurf, daß er nicht gleich den übrigen Fürsten im Felde war.

Je herrlicher sich Mut und Aufopferung bei dem Könige von Preußen, bei dem Kronprinzen Friedrich, bei dem Prinzen Luitpold von Bayern [dem Onkel Ludwigs II.] und allen anderen Heerführern erwies, um so mehr ward Ludwig II. einer düsteren Gemütsverfassung anheimgegeben.« Während die Dampfer am Starnberger See mit Böllerschüssen die Triumphe der deutschen Truppen im fernen Frankreich feierten, schrieb Ludwig II. an seine Mutter: »Die kalten Fluten des Alpsee ziehen mich an.« Und als im Gebirge die Freudenfeuer aufloderten und Tausende mit hymnischen Liedern auf den Lippen durch die prächtig geschmückten Städte zogen, um die Gefangennahme des französischen Kaisers Napoleon III. in der Schlacht von Sedan zu feiern, ließ sich Ludwig II. entschuldigen: Die Münchner Residenz blieb verwaist, die Huldigungen der enthusiastischen Menge liefen ins Leere.

Das »rief eine Mißstimmung im Publikum hervor, schmerzte die liberale wie die patriotische Partei«, so Kobell. »Der König fühlte und vernahm, daß man Vergleiche anstellte zwischen [ihm und] dem Könige von Preußen, die günstig für den Hohenzollern ausfielen.« Aber Ludwig II. »war im Banne seines Trübsinns. Das Geschrei, wenn es auch ein Glück- und Jubelgeschrei war, that ihm weh. ›Ich habe wahnsinnige Kopfschmerzen‹, sagte er oft.«

Bei der Friedensfeier im Sommer 1871 kam es – wieder einmal – zum Eklat: Als der preußische Kronprinz, der siegreiche Befehlshaber der süddeutschen Truppen, in Anwesenheit von neunhundert Gästen mit einem Bankett im Münchner Glaspalast geehrt werden sollte, sagte Ludwig II., der Gastgeber, sein Kommen kurzfristig ab. Er brauche Ruhe, ließ er ver-

Triumph über Frankreich! Die siegreich heimkehrenden Soldaten werden an der Münchner Feldherrnhalle von einer Büste Ludwigs II. empfangen

künden. Am nächsten Morgen fehlte er auch bei der Verabschiedung des preußischen Thronfolgers, der nach Berlin zurückzukehren gedachte. Ludwig II. hatte sich dieser Verpflichtung dadurch entzogen, dass er bereits um vier Uhr früh in seiner königlichen Equipage nach Schloss Berg aufgebrochen war – eine diplomatische Ungeheuerlichkeit, die den bayerischen Kriegsminister derart verdrießlich stimmte, dass er umgehend um seine Entlassung bat.

Schon Monate zuvor, am 30. November 1870, hatte Ludwig II. zähneknirschend dem preußischen König Wilhelm I. die Kaiserkrone des neuen, am Horizont aufsteigenden Deutschen Reiches angetragen – in der Überzeugung, dem seit Generationen virulenten Willen zur Vereinigung der deutschen Länder unter dem Vorsitz des mächtigsten deutschen Fürsten keinen weiteren Widerstand entgegensetzen zu können. Im Gegenzug gelang es ihm, für Bayern die meisten Sonderrechte aller deutschen Länder auszuhandeln – darunter das Recht auf eigene Gesandtschaften, auf den militärischen Oberbefehl in Friedenszeiten, auf eine eigene Post- und Eisenbahnverwaltung und auf die Bier- und Branntweinsteuer, eine schon damals munter sprudelnde Einnahmequelle. Damit hatte Bayern im Reich eine singuläre Stellung. Im Prinzip wurde sogar die Souveränität des Landes anerkannt.

Trotzdem war die Entscheidungsfreiheit der bayerischen Politik von nun an in vielen Bereichen »wesentlich eingeschränkt«, resümiert Ludwig Hüttl. Der ehemalige Ministerratsvorsitzende Ludwig von der Pfordten notierte denn auch am 21. Januar 1871, nach der entscheidenden Abstimmung im Bayerischen Landtag: »Vor 78 Jahren haben die Franzosen ihren König ermordet; heute haben die Abgeordneten Bayerns ihren König und ihr Land unter die preußische Militärherrschaft mediatisiert. Finis Bavariae!«

Ludwig II. empfand genauso. In einem Brief aus den letzten Januartagen des Jahres 1871 klagt er über »das Schwere, das Niederdrückende der schmerzlichen Opfer, welche im Interesse meines Landes (wie die Sachen nun einmal leider standen) zu bringen waren«.

Von deutsch-patriotisch gesonnenen Zeitgenossen wurde Ludwig II. für den »Kaiserbrief« gefeiert, weil er damit die Grundlage für die Deutsche Einigung geschaffen hatte. Ausweislich einer Akte im Geheimen Hausarchiv schickte beispielsweise der »k. k. österreichische Telegrafen Ober-

Official a. D.« Robert Erdmann aus Arad in Ungarn am 3. September 1875 eine Dankesgabe an den König. In seinem Begleitschreiben heißt es: »Euer Majestät! Allerdurchlauchtigster Herr! Der in tiefster Ehrfurcht Unterzeichnete wagt es als Ausdruck der innigsten Verehrung und Begeisterung für Eure königliche ritterliche Majestät, den gesandten Korb, der feinsten und süßesten Wasser und Zucker Melonen eigener Züchtung – allergnädigst anzunehmen – die tiefgefühlteste Bitte zu stellen. Als Deutscher, mit ganzem Herzen dem geistig deutschen Verbande angehörig, steigen meine besten Segenswünsche und Gebete zu Gott für das Wohl Euer königlichen Majestät empor! Euer Majestät in tiefster Ehrfurcht untertänigster Diener.«

Ludwig II. allerdings, der die noch leidlich brauchbaren jener ungarischen Melonen bei einer seiner »Gebirgs-Parthien« als Dessertobst vorgesetzt bekam, wollte von solcherlei Dingen nichts wissen. Für ihn war es ein Unglück, »daß ich als der ›deutschgesinnte König, Ludwig der Deutsche‹ und wie jene Phrasen alle heißen, verschrieen werde; die verblendete Volksmasse meint mir die größte Freude mit solchen sogenannten Huldigungen zu machen und fühlt nicht, daß ich dies als Beleidigung aufnehmen muß, daß mich dies tief kränkt und meinen Standpunkt als Landesherr Bayerns, der natürlich jene Kundgebungen von falschem preußisch-deutschem Patriotismus nicht billigen kann.«

Sein Hass auf die Berliner Verwandtschaft, die er wahlweise als »preußisches Gesindel« oder »räuberische Hohenzollern-Bagage« betitelte, wuchs ins Unermessliche. Den Kronprinzen Friedrich Wilhelm, seinen Vetter, betrachtete Ludwig II. als Intimfeind. »Selbst die eigene Mutter hat er in ärgerlicher Stimmung abfällig ›die Preußin‹ genannt«, berichtet Friedrich von Ziegler: »Diese starke Abneigung tat sich nicht nur hochgestellten Persönlichkeiten kund, sondern jedem gegenüber, der Preuße war. Als der König einmal einen Zahnarzt suchte, stellte er die ausdrückliche Bedingung, daß es kein Preuße sein dürfe. Ein andermal wollte er alle preußischen Unteroffiziere aus der bayerischen Armee entfernt haben, selbst in der Musik sollte kein Preuße mehr sein.«

Die Politik wurde ihm jetzt endgültig »ein furchtbarer Beruf«, die Amtsgeschäfte bezeichnete er immer häufiger als »Staatsfadaisen«. Am meisten aber störte ihn, daß er als bayerischer König nicht mehr sein eigener Herr war, sondern quasi Wilhelm I., seinem preußischen Onkel, »un-

Ungleiche Brüder – der preußische Adler und der
bayerische Schwan, Österreich links abgeschlagen

terstand«: »Ich sage nichts von dem unseligen Kaiserthum, das allen richtig denkenden deutschen Fürsten ein Gräuel sein muß und das leider nicht fernzuhalten war; fort, fort von diesen unseligen politischen und moralischen Foltern!«

Dieses »Fort!« meinte Ludwig II. vermutlich sogar wörtlich. So schreibt Gottfried von Böhm: Hofsekretär »Düfflipp erzählte mir oft, daß die Ereignisse der Jahre 1870/71 und die dadurch herbeigeführte Beeinträchtigung der bayerischen Selbständigkeit dem König alle Lust zur Regierung geraubt hätten und daß er lange mit dem Gedanken umgegangen sei, abzudanken und auszuwandern. Ludwig II. hoffte für eine eventuelle Abdankung, und zwar zugunsten Preußens oder des Reiches, eine Summe von etwa 30 Millionen [Gulden, rund fünfhundert Millionen Euro] zu erzielen und gedachte, mit diesem Betrage seiner Leidenschaft für Bauten frönen zu können. Dem König war zuerst das märchenhafte Land Indien vorgeschwebt.«

Tatsächlich empfing Ludwig II. bereits im Oktober 1871 den Historiker Franz von Löher. Der damalige Direktor des Bayerischen Allgemeinen

Reichsarchivs, seit 1855 auch Professor für Länder- und Völkerkunde, erhielt laut Böhm den Auftrag, »ferne Landschaften von stiller, erhabener Schönheit zu bezeichnen, wo der König sich ein Schloß bauen und kürzere oder längere Zeit wohnen könne«. 1873 bereiste Löher zu diesem Zweck die kanarischen und die griechischen Inseln, 1875 Zypern und Kreta. »Auch betreffs der Krim mußte er Erkundigungen einziehen.« Christof Botzenhart wies 2004 als einer der Ersten darauf hin, dass Ludwig für sein »Zukunftsreich« sogar eine Verfassung ausarbeiten ließ. Laut Gerhard Immler, dem Direktor des Geheimen Hausarchivs, muss dieser Entwurf freilich als Kuriosum gelten. Denn er listet vor allem – wohl nach dem Vorbild Ludwigs XIV. und in französischer Sprache – diverse Hofämter auf, regelt aber mitnichten das gesellschaftliche Miteinander, wie man es von einer Verfassung erwarten würde.

Außerdem liegen im Geheimen Hausarchiv Akten, aus denen hervorgeht, dass Ludwig II. sein Auswanderungsprojekt bis mindestens 1884 verfolgt hat. Danach klopfte Löher, der »Privatkolumbus Seiner Majestät König Ludwigs II.« neben den kanarischen und griechischen Inseln auch so ferne Territorien auf ihre »Tauglichkeit« ab wie die Inseln San Ambrosio, San Félix oder den Juan-Fernández-Archipel vor Chile, Uruguay, Paraguay, Bolivien und die Gegend um die ecuadorianische Hauptstadt Quito, die Fidschi-, Samoa- und Sandwich-Inseln, Tahiti und Tonga, La Réunion im Indischen Ozean, die Philippinen, die persische Provinz Māzandarān im heutigen Iran und Somalia am Horn von Afrika.

Für eine Ansiedlung besonders geeignet schien Löher der Hindukusch – ein Gebirge in Zentralasien, das größtenteils in Afghanistan liegt und über siebentausend Meter hohe Gipfel hat, die sich bereits auf pakistanischem Boden erheben. »Der die westliche Fortsetzung des Himalaya bildende Hindu-Kuh öffnet sich gegen Süden in Thälern und senkt sich zum Indus in Terrassen, welche die Natur Kaschmir's besitzen, das nicht mit Unrecht als das herrlichste Land der Welt gilt«, schreibt Löher in seiner Empfehlung für Ludwig II. »Die Vorberge des Hindu-Kuh haben Ähnlichkeit mit den lieblichsten Alpengeländen. Trefflicher, weltberühmter Wein gedeiht dort, Aprikosen, Äpfel, Mandeln und zahlreiche andere Früchte wachsen wild. Der gegen Kabul sich ausbreitende Thalkessel ist eine Wiesen- und Gartenlandschaft, deren Blütenschnee im Frühling, deren Fruchtreichthum im Sommer und Herbst von altersher mit Begeisterung gepriesen

Auswanderungspläne 1 – geht Ludwig II. in den Hindukusch?
Kabul böte sich als Residenzstadt an

wurde. Was könnte bei einer solchen Lage aus den zwei, der Einwohnerschaft nach jetzt schon bedeutenden Städten Kabul und Herat unter einer geordneten Regierung werden! Gegenwärtig fehlt eigentlich jede Regierung. Die Engländer, welche im Augenblick Kabul besetzt halten, sind bezüglich des künftigen Regenten des herrlichen Landes in Verlegenheit. Am Hindu-Kuh und dessen westlicher Fortsetzung stoßen die beiden rivalisierenden Riesenreiche Russland und England zusammen. Es liegt daher im Interesse des Weltfriedens, daß der beide Kolosse trennende Wall, das Hindu-Kuh-Gebirge, in neutralen Händen sich befinde, daß dort im Herzen Asiens eine nach beiden Seiten unabhängige Regierung etabliert werde. Unter einer solchen Regierung müssten jene von der Natur so gesegneten Lande einer glänzenden Zukunft entgegensehen. England, das gegenwärtig die faktische Herrschaft über das Land hat, würde zur Errichtung eines seinen Interessen nicht feindlichen Thrones bereitwillig die Hand bieten, da es nicht Eroberung, sondern nur die Sicherung Indiens anstrebt.«

Auch Ägypten stand bei Löher hoch in Kurs: »Es dürfte kein Land der Erde geben, das interessanter wäre und zugleich für eventuelle Erwerbung der Herrschaft günstigere Chancen böte. Ägypten, welches die Alten schon ›Wunderland‹ nannten, ist durch seine Geschichte, die erhaltenen unvergleichlichen Denkmäler und seine Naturbeschaffenheit gleich

Auswanderungspläne 2 – auch Ägypten könnte einen König
brauchen. Weiß-blaue Rauten im Land der Pharaonen?
(Louis Haghe, 1849)

bedeutungsvoll. Die 67-jährige Regierung Ramses II. des Großen mit ihren gewaltigen monumentalen Schöpfungen könnte [mit] der Regierungszeit Ludwig XIV. verglichen werden. Die Werke der altägyptischen Kunst zeichnen sich durch titanische Großartigkeit aus. Mit den Pyramiden und der Sphinx von Memphis, den Tempeln und Königspalästen von Theben, mit den in den Felsen gemeißelten Colossalbildern von Jpsambul [Abu Simbel] läßt sich nichts in der Welt vergleichen. Ägypten bedarf, um zu geordneten Zuständen zu kommen, eines Regenten, der von der [Hohen] Pforte [also von der osmanischen Regierung in Konstantinopel] unabhängig ist, aber auch nicht den regierenden Häusern der Großmächte angehört. Es ist kein Zweifel, daß die Großmächte einer solchen Lösung zustimmen würden.«

In Europa favorisierte Löher die Insel Rügen in der Ostsee, »von der pommerischen Küste nur durch einen schmalen Sund getrennt. Der Charakter der Landschaft ist freilich von jenen der glücklichen Eilande des Südens grundverschieden, im Gegensatz zur sonnigen Heiterkeit und lachenden Vegetation jener eine gewisse farblose Monotonie im ewigen Wechsel von Feld und Wald, Heide, Sumpf und Düne an sich tragend. Doch hat die Natur auf Rügen auch ihre erhabenen und lieblichen Seiten. Von dem nördlichen Punkte der Insel, dem Vorgebirge Arkona aus, hat man eine unbegrenzte Aussicht auf das Meer. In ihrer größten Erhabenheit zeigt sich die Natur Rügens auf der Halbinsel Jasmund. Sie trägt den herrlichen Buchenwald, der sich 2 Meilen lang längs des Meeres hinzieht und viele Hünengräber birgt. In diesem Walde liegt der melancholisch-düstere Schwarze See. Es soll hier in germanischer Zeit ein Heiligthum der Göttin Hertha gewesen sein. Die Gegend von Gingst im Westen der Insel ist so lieblich und fruchtbar, daß sie das ›Rügische Paradies‹ genannt wird. Der Charakter der Bewohner spiegelt in dem ernsten und stillen Wesen, das ihm eigen ist, jenen des Landes; allein es ist damit auch eine Geradheit und Treuherzigkeit verbunden, welche die Inselbewohner lieb gewinnen läßt.«

Allerdings riet Löher, sich die Sache gut zu überlegen. »Übersiedelung in ein fremdes Land, in ungewohntes Klima, unter neue Menschen und Verhältnisse ist ein höchst gewagtes Unternehmen. Sehr häufig verbindet sich damit unsägliches Elend.« Bevor Ludwig II. eine längere Schiffsreise antrete, sei beispielsweise zu überprüfen, »ob Neigung für Seekrankheit besteht oder nicht«. Außerdem stünden der Besitzergreifung möglicherweise Hindernisse entgegen, als da wären »Korallenriffe und Meeresströmungen«, »Beunruhigungen durch wildes rohes Volk in der Nähe« oder »Fieber und Krankheiten«. Schließlich gab Löher zu bedenken, es gebe »auf der ganzen Erde außer England, Nordfrankreich und Skandinavien kein Land, das so gesund wäre wie Deutschland«.

Auch der damalige Hofsekretär Ludwig von Bürkel riet dem König von der Auswanderung ab – schon allein deshalb, weil in vielen dieser Länder »die ungeheure Mehrheit der Bewohner uncivilisiert« sei. »Es sind entweder, wie in Südamerika, Indianer oder, wie in Afrika, Neger oder, wie in Madura, auf den Philippinen [und] auf den Samoa-Inseln, Malayen.« Diese »Halbwilden« hätten – aufgrund ihres »Mangels an Kultur« – reichlich gewöhnungsbedürftige Charakterzüge, nämlich: »Abwesenheit des Rechtsbegriffs, des Sinnes für Gesetzlichkeit, Geringschätzung des Eigenthums, ja Rachsucht. Es ist mir nun ein unfaßlicher Gedanke, daß Eure Majestät an einer von der Weltkultur so entlegenen Küste lande, um inmitten einer halbwilden Bevölkerung, an Leib und Gut bedroht, die Tage zu verbringen. Ein obscurer Professor mag in einem solchen Lande eine relativ sichere und behagliche Existenz finden, bei einem fürstlichen Haupte, auf das alle Blicke gerichtet sind, ist das anders.«

Tatsächlich zögerte Ludwig II. seine Auswanderung immer weiter hinaus. Dafür tauchte er kopfüber in eine andere Parallelwelt ein – in die des

Theaters. Sie zog ihn an »wie ein Magnet«, so Kobell. Die Musik spielte dabei eine untergeordnete Rolle. Der König war zwar stolzer Besitzer eines Notenblatts aus Mozarts eigener Hand, des Autographen einer Sonate. Doch schon Richard Wagner hatte seinen Gönner »ganz unmusikalisch« genannt, und der Klavierlehrer Ludwigs II. soll sehr erleichtert gewesen sein, als der Unterricht aufgrund der dürftigen Begabung des Schülers nach drei quälenden Jahren endlich eingestellt wurde.

Umso mehr faszinierte den König die Nachbildung ferner Welten und Epochen in Szene und Kostüm. Schon seine Eltern hatten den Mummenschanz geliebt: 1843, im ersten Fasching nach ihrer Hochzeit, übernahmen sie bei einer *Dornröschen*-Vorstellung die Hauptrollen, denn »sich zu verkleiden und ›lebende Bilder‹ nachzustellen, gehörte zu den spätromantischen Vorstellungen der Hofgesellschaft«, so Winfried Ranke in seinem Buch über Joseph Albert, den Hoffotografen Ludwigs II. Der König seinerseits fand schon als Teenager großen Gefallen an den »theatralischen Veranstaltungen« des wittelsbachischen Hausordens vom heiligen Huber-

Familienmaskerade – Bruder Otto als Märchenprinz
in einer *Dornröschen*-Szene 1869

tus. Außerdem soll er sich mit großer Begeisterung als Lohengrin, Sonnenkönig oder türkischer Sultan verkleidet haben. Daneben bestellte er laut Böhm »ein weiteres Ludwig-XV.-Kostüm« für vierhundertneunzig Gulden »und einen neuen Hermelinmantel«.

Um vergnügliche Abende zu erleben, ging Ludwig II. auch ins Münchner Gärtnerplatztheater, eine eher derbe Volksbühne, wo er sich 1866 beispielsweise »bei dem berühmten Komiker Knaack aus Wien erlustigte«, wie es in einem Zeitungsbericht jener Tage heißt. Die eigentliche Liebe des Königs galt jedoch der Oper und dem Schauspiel. Ob Friedrich Schillers Drama *Wilhelm Tell*, Ferdinand Raimunds Zaubermärchen *Der Bauer als Millionär*, Albert Emil Brachvogels Trauerspiel *Narziß* oder die romantische Oper *Der Freischütz* von Carl Maria von Weber – Ludwig II. blieb bei allen diesen Werken nicht in der Rolle des unbeteiligten Zuschauers. Stattdessen durchlebte und durchlitt er die Szenen, als sei er eine der Bühnenfiguren.

Doch dabei fühlte er sich beobachtet: »Ich kann keine Illusion im Theater haben, so lange die Leute mich unausgesetzt anstarren und mit den Operngläsern jede meiner Mienen verfolgen!«, schimpfte er gegenüber dem Charakterdarsteller und späteren Münchner Schauspieldirektor Ernst von

Leichte Muse – der Komiker Wilhelm Knaack (links) und Johann Nestroy in einer Aufführung von *Orpheus in der Unterwelt* (Adolf Dauthage, 1860)

Possart. Deshalb brachte man »an den Seitenpfeilern der Hofloge seidene Vorhänge an, um den König vor den Blicken der Neugier zu schützen«, so Possart weiter. »Allein die Theaterbesucher, die sich ehrlich freuten, den jugendlichen Herrscher von Angesicht zu Angesicht zu sehen, waren nur um so emsiger bemüht, das Halbdunkel der Königsloge zu durchdringen, und die Operngläser blieben unaufhörlich in Bewegung.« Da träumte dem König eines Tages, ihm sei geraten worden, »den *Lohengrin* in einem Saale aufführen zu lassen, ohne Publikum, da sich dasselbe am Tage vorher höchst taktlos benommen« habe. Es hätte »nämlich dermaßen gezischt und geschrien, daß kaum das Vorspiel zu Ende gespielt werden konnte, und eine Dame« habe »sich erfrecht, Spott und Schmähverse in Walzermelodien auf mich vor allem Publikum zu singen, weil ich ein solches Werk zur Aufführung bringen ließe. Dies mein sonderbarer Traum«, schreibt Ludwig II. in einem Brief an Cosima von Bülow, die Geliebte und spätere Gattin Wagners.

Insofern verwundert es nicht, dass der König 1871 »an mich die Frage stellte, ob es wohl anginge, daß er einmal einer Schauspielprobe ganz allein beiwohne«, so Karl August Franz Sales von Perfall, der damalige Intendant der königlich bayerischen Hof- und Residenztheater. »Selbstverständlich bejahte ich dies zur größten Freude des Allerhöchsten Herrn. Der Besuch dieser Hauptprobe steigerte zweifellos mehr und mehr das Verlangen, nunmehr auch wohlvorbereitete Aufführungen bei völliger Ungestörtheit und Abgeschlossenheit zu genießen. Die hiezu ersonnenen Separatvorstellungen nahmen ihren Anfang am 6. Mai 1872 und endeten mit dem 12. Mai 1885.« Innerhalb dieser dreizehn Jahre wurde an insgesamt zweihundertneun Abenden nur für den König gespielt – darunter Karl Goldmarks *Königin von Saba*, Christoph Willibald Glucks *Iphigenie auf Tauris*, Jules Massenets *König von Lahore*, Giacomo Meyerbeers *Hugenotten*, Richard Wagners *Parsifal* und Carl Maria von Webers *Oberon*.

Als die ersten Separatvorstellungen stattfanden, ging laut Alfons Schweiggert das Gerücht um, »der König sei unter die Dichter gegangen und ließe sich, um die lästige Kritik ferne zu halten, seine eigenen Stücke unter Ausschluss der Öffentlichkeit vorführen. Tatsächlich aber hatte sich der König nur einmal in jungen Jahren als Dichter versucht.« »Er entwarf ein Schauspiel«, berichtet Anton Memminger, »das einen Blick in das Gefühlsleben des Jünglings wirft, der aus der unerträglichen Zwangsjacke einer pedantischen Erziehung und Etikette sich befreien will. Der Entwurf Ludwigs stellt einen Königssohn dar, der eine Verschwörung mit dem Volke veranstaltet, dieses zur Empörung bringt, den Vater entthront und die Republik verkündet. Für einen Kronprinzen allerdings ein merkwürdiger Anfang.«

Bei den Separatvorstellungen ging es deutlich weniger revoluzzerisch zu. Weil Ludwig II. eine Schwäche für Mozart hatte – er mochte die verklärte Seligkeit des gebürtigen Salzburgers und dessen Zitate aus der türkischen Janitscharenmusik – ließ er 1879 unter Aufbietung aller verfügbaren Illusionstechniken *Die Zauberflöte* für sich inszenieren. 1881 sah Ludwig II. in Victor Hugos Drama *Marion Delorme* erstmals den laut Böhm »auffallend hübschen« Schauspieler Josef Kainz und war von dem Dreiundzwanzigjährigen derart hingerissen, dass er mit ihm zwei Wochen in die Schweiz reiste, um die historischen Schauplätze von Friedrich Schillers *Wilhelm Tell*, darunter die Rütli-Wiese am Vierwaldstätter See, höchstpersönlich in Augenschein zu nehmen.

1882 bat der König darum, dass für das Ballett *Amor und Psyche* die Neptungruppe aus Schloss Versailles als Vorlage genommen werde – und zwar dergestalt, dass der Gott des Meeres anfangs allein ins Blickfeld trete, »als ob er ein Stein wäre oder von Erz, wie er halt in Versailles ist, spä-

Auf den Spuren des *Wilhelm Tell* – der König
mit dem Schauspieler Josef Kainz in der Schweiz

ter in bengalischer Beleuchtung den Fluten entsteigend, auf einem prachtvollen, von vier Rössern gezogenen Wagen«. 1885 kam Ludwig II. eigens für die Aufführung des indischen Zaubermärchens *Urvashi* nach München, nahm in der Pause »Tartines« (belegte Brötchen) zu sich und reiste, nachdem der Vorhang gefallen war, augenblicklich nach Berg zurück, ließ sich aber während der Fahrt im Hofzug noch ein üppiges Souper servieren.

Im gleichen Jahr 1885 wünschte der König Jules Massenets Oper *Herodias* aufgeführt zu sehen. Das Bühnenbild sollte sich an einer Publikation des schottischen Architekten James Fergusson über den Palast des Xerxes im heute iranischen Persepolis orientieren.

Besonders wichtig schien dem König – dem damaligen Zeitgeschmack entsprechend – ein Bühnenbild, das den originalen Schauplatz so detailgetreu wie möglich zeigte. Deshalb wurden die Kulissenmaler des Münchner Hoftheaters nach dem Zeugnis Possarts unter anderem »nach Rheims gesandt, um in [Schillers] *Jungfrau von Orléans* durch naturnahe Wiedergabe des alten Domes ein historisch echtes Bild von der Krönung [König] Karls VII. [von Frankreich] auf die Bühne zu bringen«. Gelegentlich verlangte Ludwig II. sogar, »Stichvorlagen als einzig authentische Bildquelle in die Bühnenhandlung zu übertragen«, so Michael Petzet, der frühere bayerische Generalkonservator. Wenn der König Ungereimtheiten entdeckte, konnte er pingelig werden. So monierte er, bei der historischen Aufführung von Jean Racines Drama *Esther* hätten die königlichen Hoheiten anders gesessen als bei der von Possart inszenierten Separatvorstellung in München. »Können Sie mir bis übermorgen die Szene so herstellen, daß sie dem historischen Vorgang entspricht?«, ließ der König bei Possart anfragen. Der meinte, das sei zweifelsohne möglich. Allerdings würde von den Hauptfiguren dann nur noch der Rücken zu sehen sein. »Der Bote kehrte mit meinem Bericht in das Schloß zurück, und frühmorgens um 3 Uhr erhielt ich die Antwort: ›Es ist vollkommen gleichgültig, ob Ludwig XIV. und die Königin von England in dieser Szene von mir gesehen werden oder nicht; ich will nur den historischen Vorgang wahrheitsgetreu dargestellt wissen.‹«

Der Spielplan der Separatvorstellungen war abwechslungsreich, originell und auf der Höhe der Zeit. Hauptthema blieb jedoch die französische Geschichte im Zeitalter der Bourbonen. Manche Stücke bestellte der König nur, um bestimmte Schauplätze auf der Bühne zu sehen. In

Das Tal von Kaschmir – Bühnenbild der Oper *Lalla Rookh*, von Ludwig II. als Alternativhintergrund seiner Grotte in Linderhof gewünscht (Heinrich Döll, 1876)

anderen Fällen interessierte sich Ludwig II. in erster Linie für die historischen Gestalten: »Hatte der König, angeregt durch die Lektüre eines biographischen Werkes, besonderes Interesse für diese oder jene geschichtliche Persönlichkeit gefaßt, so ließ er zunächst nachforschen, ob bereits irgend ein Dichter den Stoff dramatisch behandelt hatte«, berichtet Possart. »War dies der Fall, dann prüfte der König das gewählte Stück auf seine geschichtliche Treue. Die Schönheit der Diktion, die Genialität der poetischen Erfindung bestimmten erst in zweiter Linie die Aufführung. Das langathmige, fünfaktige Schauspiel *Voltaire* von Julius Leopold Klein fesselte ihn nicht wegen seines literarischen Werthes, er wollte nur den greisen Philosophen mit dem berüchtigtsten aller Pariser Lebemänner, dem ewig jungen Herzog von Richelieu, in geistvollem Geplauder vor Augen sehen. Kam nun ein geschichtlicher Vorgang in Frage, der niemals vorher für die Bühne verwerthet worden war, dann betraute der König einen seiner ›Hofpoeten‹ mit der Dramatisierung des ihn interessirenden Stoffes.« Zur Aufführung kamen auf diese Weise auch Stücke, die schon Wagner als »bedauerliche Geschmacksverirrungen« geißelte, weswegen sie heute vermutlich ganz zu Recht vergessen sind.

Neben Gottfried von Böhm gehörte auch Luise von Kobell zu jenen ›Hofpoeten‹ Ludwigs II., die Stücke für die Separatvorstellungen schrieben. Über die Aufführung ihres Werkes, einer Bearbeitung des Schauspiels *Salvoisy* von Eugene Scribé, berichtet Kobell: »Das Haus war tageshell erleuchtet, und eine geradezu unheimliche Oede und Stille herrschte darin. Da vernahmen wir über uns das Aufschlagen einer Thüre, das heftige Rücken eines Stuhles; ein Glockenschlag, und der Vorhang hob sich, denn Ludwig II. war eben in seiner Loge eingetroffen. Doch es schien mir, als fehle ohne Publikum das pulsierende Leben und der elektrische Strom von Leid und Freud, der sich von Einem zum Andern hinüber leitet.«

Der König dagegen fühlte sich in seinem Element. Noch das letzte Möbelstück im allerhintersten Bühnenhintergrund überprüfte er auf seine Authentizität. Und wenn ihm irgendetwas nicht zu stimmen dünkte, gab er selbiges während der Aufführung durch aufgeregte Winke und laute Zurufe zu verstehen. Für den weiß-blauen Theaterkönig, der gleichzeitig als Intendant, Dramaturg, Regisseur, Bühnen- und Kostümbildner, Choreograph, Inspizient und Zuschauer auftrat, war diese Art der Beschäftigung nur eine Fingerübung. Denn längst schon hatte er mit den mindestens ebenso akribischen wie detailversessenen Planungen für seine Schlösser begonnen.

Man muss sich solche Paradiese schaffen
Die Traumhäuser

Der Berichterstatter des *Bayerischen Vaterlandes* sah schwarz. Er bemerkte in der Ausgabe vom 18. Juni 1886, fünf Tage nach dem Tod Ludwigs II.: »Nur einige unvollendete, schon heute dem Verfall bestimmte Bergschlösser werden, Ruinen geworden, der Nachwelt von einem Könige erzählen, der sie gebaut, der ein Leben gelebt und einen Tod gefunden hat wie keiner seiner Ahnen und durch beides den Eingang in die Walhalla seines Hauses sich selbst verschlossen hat.« Mit dieser Einschätzung lag der gute Mann allerdings gleich zweifach daneben: Zum einen zählen die bayerischen Königsschlösser zu den besterhaltenen und meistbesuchten Architekturschöpfungen des neunzehnten Jahrhunderts. Teilweise baute man an ihnen sogar noch nach dem Tod des Königs weiter. Die Kemenate von Neuschwanstein wurde beispielsweise erst 1892 fertig. Zum anderen ist Ludwig II. – gerade wegen des märchenhaften Zaubers seiner Schlösser – weltweit der bekannteste Wittelsbacher. Der Schriftsteller Herbert Schneider traf es salopp:

> *Unvergessen lebst Du weiter*
> *In den Schlössern stolz und kühn*
> *Und aus denen heut' noch heiter*
> *Die Finanzer Nutzen ziehn.*

Auch auf dem Feld der Baukunst war der König – wie im Theater – ein Auftraggeber, der alles vorschrieb und jedes Detail überprüfte. Das Studium von Bauplänen und Entwurfszeichnungen beschäftigte ihn mehrere Stunden pro Tag. Er wälzte die voluminösen Standardwerke der europäischen, vorder- und ostasiatischen Kunstgeschichte, sichtete kistenweise Fotografien und historische Abbildungen berühmter Baudenkmäler und skizzierte angeblich eigenhändig jenen Pfau, der als Edelsteinmosaik den Fußboden im Schlafzimmer seiner nie realisierten »Raubritterburg« auf dem Falkenstein bei Pfronten im Allgäu schmücken sollte. »Wäre er nicht König geworden«, schreibt Hermann M. Hausner, »so würde er der genialste schöpferische Architekt des 19. Jahrhunderts geworden sein. Er beherrschte die Bau- und Kunstgeschichte aller Perioden und verband damit ein erstaunliches Stilgefühl, überlegenen Formensinn und Geschmack.« Der ehemalige bayerische Generalkonservator Heinrich Kreisel ergänzt: »Aus allen seinen kritischen Äußerungen geht hervor, daß Ludwig II. ein Spezialist für dieses Stoffgebiet war, dessen Akribie kaum von einem Gelehrten übertroffen werden konnte.« Es heißt, der König hätte aus dem Stand eine Professur für Architektur- oder Kunstgeschichte übernehmen können.

Gleichzeitig wurde er kritisiert. Er lasse seinen Künstlern keinerlei Spielraum, eigene Ideen zu verwirklichen, und degradiere sie zu Ausführenden. Damit verschrecke Ludwig II. die wirklich kreativen Köpfe. Stattdessen züchte er ein »oberflächliches Virtuosentum« heran.

Andererseits bleibt festzuhalten: Ohne die hohen Anforderungen, die der König stellte, das konzediert sogar das heutige Bayerische Finanzministerium, wäre die künstlerische Blüte Münchens um 1900 nicht denkbar gewesen. Angeblich wirkte er sogar in die Kunst der Moderne hinein: Als Wassily Kandinsky und Franz Marc am Kaffeetisch in Sindelsdorf bei Benediktbeuern über den Titel ihres epochemachenden Almanachs nachdachten, soll Ludwig II. Pate gestanden haben: Der *Blaue Reiter* galt in der Symbolwelt von Marc und Kandinsky als der allmächtige Bezwinger alles Materiellen und Ungeistigen – eine Rolle, in der sich der kunstbeflissene Märchenkönig gefiel, der die Farbe Blau liebte und regelmäßig als blaugewandeter Großmeister des Ritterordens vom heiligen Georg in Erscheinung trat.

Allerdings sollten die Schlösser Ludwigs II. – anders als die Bilder von Marc und Kandinsky – dem öffentlichen Blick entzogen sein. Sie waren keine Kulissen königlicher Repräsentation, keine Schauplätze von Empfängen, Familientafeln oder Staatsbesuchen – sie sind »Monumente könig-

Theatralisches Spektakel – Ludwig II. erteilt als Großmeister
des Georgiritterordens den Ritterschlag (Franz Seitz, 1867)

licher Menschenscheu«, wie Thomas Mann in seinem *Doktor Faustus*
schreibt. »Nichts haßte der König mehr, als wenn Personen in seiner Abwesenheit, geschweige während seines Aufenthalts sein Schloß besichtigten«, berichtet Max Maier, der Ludwig II. über zwanzig Jahre als Postillion
diente. Mit anderen Worten: Der König wollte in seinen Schlössern niemanden sehen. Sie waren für ihn allein bestimmt – als dreidimensionale
Spiegelbilder seiner Seele, als Bühnen seiner Traumspiele, als begehbares
Reich seiner Phantasie.

Bei den Planungen ließ sich Ludwig II. von seinen Büchern inspirieren,
von der Mittelalterbegeisterung des Vaters, von der Kathedralenseligkeit
seiner Zeit, von den Wagner'schen Opernlibretti, von den Themen der Separatvorstellungen – ganz offensichtlich aber auch von den Berichten Löhers, vom damals virulenten Orientalismus und von jenen exotischen Sensationen, die der König auf der Pariser Weltausstellung von 1867 gesehen

hatte, darunter orientalische Pavillons aus dem Maghreb und der Teilnachbau eines Chinesischen Sommerpalastes.

Es heißt immer wieder, das neunzehnte Jahrhundert sei »unfähig« gewesen, »neue künstlerische Werte und Formen zu schaffen«, und Ludwig II. habe die Verfügbarkeit aller möglichen Epochen, Kulturen und Stile lediglich dazu genutzt, »wie aus einem Katalog zu bestellen«. Seine Schöpfungen seien Kitsch. Die künstlerische Qualität seiner Bauprojekte bleibe »zweifelhaft – oder vielmehr zweifelhaft mißglückt«, wie der Historiker Friedrich Prinz noch 1993 schrieb. Ein anderer Autor zählte die bayerischen Königsschlösser dagegen schon 1886 neben dem Dogenpalast in Venedig zu den berühmtesten Bauwerken des Abendlandes und äußerte die Überzeugung, Schloss Herrenchiemsee besäße »das schönste Treppenhaus der Welt«. Auch der Kulturkritiker und Journalist Gottfried Knapp bricht eine Lanze für den Märchenkönig. Nach seinen Worten ist Ludwig II. der »fraglos bedeutendste Traumhaus-Architekt des 19. Jahrhunderts«.

Umso mehr verwundert, wie bescheiden Ludwig II. auf seinen Berghütten logierte. Freilich – Herrenchiemsee und Neuschwanstein hat er nur als Baustellen erlebt. Selbst in Linderhof wurde noch bis 1887 der Schlafzimmertrakt erweitert und umgestaltet. Aber auch Schloss Berg – neben Hohenschwangau das Lieblingsdomizil des Königs – war damals wenig repräsentativ. So notierte Außenminister Chlodwig zu Hohenlohe-Schillingsfürst über einen Besuch in Schloss Berg: »Herr von Schmertzing [der preußische Gesandte] war sehr erstaunt über das ländliche Aussehen des königlichen Etablissements. Die ganze Hofhaltung ist fast bürgerlich, die Gänge wimmeln von Spülweibern und Mägden.« 1871 mokierte sich auch der badische Gesandte Robert von Mohl über die dortigen Zustände: »Das Schloß war klein, eng und außerordentlich einfach, namentlich das Zimmer des Königs.« Die Räume hätten entweder »keine oder nur unbedeutende und sehr gemischte Kunstgegenstände« und »altes Mobiliar. In den Gängen und Vorplätzen trieb sich allerlei Hausgesinde, Bediente, Küchenjungen, Zimmermädchen in sehr wenig gewählter Kleidung um. Kurz, die Mischung von königlicher Hofhaltung, von klösterlicher Absperrung und von unordentlicher Junggesellenwirtschaft war höchst merkwürdig.«

Lebte der Märchenkönig in Wirklichkeit in zwei unterschiedlichen Welten? Waren Schloss Berg, Schloss Hohenschwangau und die Jagdhäuser im Gebirge sein eigentliches Zuhause, während die von ihm selbst entworfenen Bauten nur als Projektionsflächen und Kulissen seiner Traumwelt dienten? Jedenfalls wurde das Bauen mehr und mehr zum Inhalt seiner Tage. »Mein Lebensglück hängt davon ab«, ließ Ludwig II. einen Vertrauten wissen. Denn als »Unterschreibungsmaschine« und »kaiserlicher Vasall«, der nur noch drittrangige Entscheidungen treffen könne, erlebe er »den ganzen Tag nichts als Verdrießlichkeiten«. Aus diesem Grund sei es notwendig, »sich solche Paradiese zu schaffen, solche poetischen Zufluchtsorte, wo man die schauderhafte Zeit, in der wir leben, vergessen kann«, so der König in einem Brief an seine ehemalige Erzieherin.

Den Anfang seiner Bautätigkeit hatte das schon erwähnte Appartement in der Münchner Residenz, seine Kronprinzenwohnung, gemacht. Vermutlich folgte Ludwig II. Anregungen seines Lieblingsonkels, des Prinzen Adalbert von Bayern. Der Bruder von Maximilian II. – ein leidenschaftlicher Theaterfreund, der gelegentlich sogar als Bass brillierte – dürfte bei seinem Neffen nicht nur die Vorstellung vom Gottesgnadentum befördert, sondern auch das Interesse für die Bourbonen geweckt haben. Jedenfalls wünschte der König seine Zimmer nun aufwendiger gestaltet – und zwar in jenem »prunkvollen, erhabenen Styl, wie er zur Zeit Ludwigs XIV. der herrschende war«.

Der Ausbau lief auf Hochtouren, als der junge König das nächste Projekt ins Auge fasste: einen Wintergarten. Direkt vor seinem Appartement, in Richtung Osten, lag ja, wie eine riesige Terrasse, das Flachdach des Kaisersaaltrakts. Hier gedachte er einen Pavillon mit exotischen Pflanzen errichten zu lassen, der von seinem Arbeitszimmer aus zugänglich wäre. Als die Konstruktion 1871 fertiggestellt war, hatte sie eine Grundfläche von tausendzweihundert statt der ursprünglich geplanten dreißig Quadratmeter und beherbergte ein üppig wucherndes Dschungelparadies mit Agaven, Bambusstauden, Lorbeerbüschen, Kakteen und Strelitzien, einem maurischen Laubengang, exotischen Gartenbauten und einem künstlichen See samt Wellenmaschine. Den Blickfang bildete ein hinterleuchtetes Kolossalgemälde des Himalaya, das gegen die ebenso große Darstellung eines indischen Wasserpalastes ausgetauscht werden konnte. An der gegenüberliegenden Seite ragte eine bizarre Felswand samt Tropfsteinhöhle empor. Überwölbt wurden »die Hängenden Gärten Ludwigs II.« von einer zehn Meter hohen, freitragenden Halbtonne aus Glas und Eisen. Nur mit Mühe hatte man der Majestät ausreden können, für sein neues »Indien über den Dächern« auch noch eine »lustig springende Gazelle und einen jungen Elefanten« anzuschaffen.

1883 lud der König seinen Lieblingsvetter Ludwig Ferdinand und dessen Gattin Maria de la Paz in seine »Wunderschöpfung« ein. Die Schwester des spanischen Königs Alfons XII. berichtete anschließend ihrem Bruder nach Madrid, Ludwig II. habe ihnen zunächst sein Appartement gezeigt und sie dann zu einer Tür geführt, die hinter einem Vorhang versteckt war. »Lächelnd hob der König den Vorhang zur Seite. Ich war verblüfft, denn ich sah einen riesigen, auf venezianische Art beleuchteten Garten mit Palmen, einem See, Brücken, Hütten und schloßartigen Bauwerken. Geh, sagte der König, und ich folgte ihm fasziniert wie ins Paradies. Ein Papagei schaukelte sich in einem goldenen Reif, während ein Pfau gravitätisch vorüberstolzierte. Wir gingen auf einer primitiven Holzbrücke über einen beleuchteten See und sahen zwischen Kastanienbäumen vor uns eine indische Stadt. Als eine verdeckte Militärmusik meine *Marcha de Infantes* anstimmte, sagte ich dem König, daß dies der Höhepunkt seiner Aufmerksamkeit sei. Wir kamen zu einem blauseidenen mit Rosen überdeckten Zelt. Darin war ein Stuhl, von zwei Elefanten getragen, davor lag ein Lö-

Exotisches Paradies über den Dächern der Münchner Residenz – der Wintergarten Ludwigs II. (Julius Lange: *König Ludwigs Wintergarten mit Blick auf einen indischen Palast*, nach einem Entwurf von Christian Jank, 1872)

wenfell. Der König führte uns weiter auf einem schmalen Pfad zum See, worin sich ein künstlicher Mond spiegelte, Blumen und Wasserpflanzen magisch beleuchtend. An einen Baum war ein Boot gebunden, wie es die Troubadurs in alter Zeit benutzten. Wir kamen dann zu einer indischen Hütte. Fächer und Waffen dieses Landes hingen von der Decke herab. Mechanisch blieb ich stehen, bis der König wieder zum Weitergehen mahnte. Plötzlich glaubte ich mich in die Alhambra verzaubert. Ein kleines, maurisches Zimmer mit einem Brunnen in der Mitte, von Blumen umgeben, versetzte mich in meine Heimat. An den Wänden zwei prächtige Divane. In einem anschließenden runden Pavillon hinter einem maurischen Bogen war das Abendessen gerichtet. Von meinem Platz aus sah ich durch den Bogen hindurch herrliche Pflanzen im Schein verschiedenfarbiger Lichter, während unsichtbar Chöre leise sangen. Plötzlich war ein Regenbogen zu sehen. Mein Gott, rief ich unwillkürlich aus, das ist doch ein Traum.«

Stimmen von heute: Ludwig II., ein Publikumsmagnet?

Die »Guglmänner Seiner Majestät König Ludwig II. von Bayern« überlegen, wie der Monarch in Zukunft präsentiert werden kann. Sie wollen, dass Ludwigs Wintergarten auf dem Dach der Münchner Residenz wiedererrichtet wird.

Das wäre doch ein Faszinosum! Erstens könnte man ihn ohne große Mühe wiederaufbauen – jedenfalls mit deutlich weniger Aufwand, als ein Schloss wie Herrenchiemsee zu restaurieren. Die Pläne sind da, und es gibt ohne Ende Fotografien vom einstigen Originalzustand. Das Königszelt, die Fischerhütte, der kleine Pavillon, der Maurische Kiosk – das ließe sich alles exakt nachbauen. Zweitens könnte man das Gewicht der Dachkonstruktion dank der heutigen Leichtbaumaterialien, Fieberglas beispielsweise, deutlich reduzieren. Das wäre dann wesentlich leichter als im neunzehnten Jahrhundert. Damals hat man schwere Eisenkonstruktionen verwendet, die eine unglaubliche Belastung für die darunterliegenden Stockwerke waren. Drittens: Wir wissen ziemlich genau, welche Pflanzen im Wintergarten gewachsen sind. Es wäre also kein Problem, den Garten wieder so anzulegen, wie er zu Zeiten Ludwigs II. war. Damit hätte endlich auch München seine Märchenkönig-Wallfahrtsstätte.

Hervorgegangen aus einem kruden Durcheinander
im »Almhüttenstil« – Schloss Linderhof im Graswangtal
(Heinrich Breling, wohl 1882)

Der Wintergarten hatte freilich seine Tücken. Die Heizung verschlang Unsummen. Und die meterdicke Humusschicht wurde nach dem Zeugnis des zuständigen Hofgarteningenieurs »durch das notwendige Bespritzen der Pflanzen trotz aller Vorsicht zum Sumpf, dessen Austrocknung nicht gelingen wollte. Auch die Küchenjungen, die im Stockwerk unter dem Wintergarten logierten, hatten Grund zur Klage: Das blecherne Becken des Schwanenteichs, den der König für seine Gondelfahrten nutzte, leckte. Deshalb tropfte es von oben in die Betten. »Nur mit einem Regenschirm konnten wir uns schützen«, berichtet Theodor Hierneis. 1897 wurde der Wintergarten abgetragen.

Dass eine anfangs überschaubare Planung ausuferte und im weiteren Verlauf immer phantastischere Züge annahm, trieb den Bau- und Finanzverantwortlichen des Königs des Öfteren den Angstschweiß auf die Stirn. So auch in Linderhof, nahe dem berühmten Passionsspielort Oberammergau. Hier, im weltvergessenen Graswangtal, hatte Maximilian II. einst ein altes bäuerliches Anwesen, den »Linderhof«, samt Försterhäuschen erstanden und für gelegentliche Jagdaufenthalte herrichten lassen. 1869 ordnete Ludwig II. den Umbau des Försterhäuschens zu einem »Königshäuschen« an. Wenig später wollte er das »Königshäuschen« durch einen Holzständerbau mit einem prunkvollen Rokoko-Schlafzimmer ergänzt wissen.

Kaum war der Anbau 1871 fertig, wurde er auf Geheiß des Königs schon wieder erweitert, um für eine großzügigere Lösung Platz zu schaffen. Noch mehrmals wurde angestückelt, bis aus dem malerischen Durcheinander im »Almhüttenstil« das heutige Schloss Linderhof erwuchs, das mit seiner eleganten Noblesse deutlich eher an das »Petit Trianon«, das »Lusthaus« der Madame Pompadour, im Park von Versailles erinnert als an die bescheidene Unterkunft eines Revierförsters.

Auch für die Gestaltung des Schlossparks war Ludwig II. angeblich kein Aufwand zu hoch. »Der König liebte Eichen«, heißt es in einem Reiseführer von 1887, »und da sie sich in dieser Höhe [Linderhof liegt auf knapp tausend Metern] nicht mehr finden, so ließ er hunderte von den gewaltigen Stämmen aus Weilheim, Seeshaupt etc. mit Wurzeln und Erdreich ausheben und unter ungeheurem Aufwand von Menschen- und Thierkräften nach Linderhof schaffen.«

Zum originalen Baumbestand dagegen gehört jene mächtige Linde, die dem Volksmund nach der ganzen Flur den Namen gegeben hat, obwohl die Bezeichnung in Wirklichkeit auf die Linder zurückgehen dürfte, einen kleinen Gebirgsfluß, der südwestlich von Linderhof aus der Erde tritt. In den Ästen der Linde ließ sich Ludwig II. jedenfalls einen Hochsitz bauen, zu dem eine bequeme Treppe hinaufführte. Hier pflegte er bei schönem Wetter zu frühstücken und anschließend zu lesen. Die Literatur spielte überhaupt eine große Rolle: »In der Rokoko-Pracht meiner Gemächer im

Der König im Baum – die Frühstücks- und Lese-Linde in Linderhof

Linderhofe ist es mein höchster Genuß, in das Studium fesselnder Werke mich zu vertiefen und darin Trost und Balsam zu finden für so manches Herbe und Schmerzliche, das die traurige Gegenwart, das mir sehr zuwidere 19. Jahrhundert, mit sich bringt«, schreibt Ludwig II.

Gelegentlich suchte er aber auch andere Formen der Unterhaltung. So amüsierte sich der König eines Tages – ausgerechnet im Spiegelsaal – mit einer gezähmten Gemse: »Sie sprang auf dem Teppich aus Straußenfedern herum«, berichtet Luise von Kobell, »und wähnte sich bei den Spiegelungen im großen Rudel von ihresgleichen. Ihr zierliches Hin- und Herjagen belustigte den Monarchen, da machte sie einen Satz in den Spiegel, daß es laut klirrte und die Scherben am Boden lagen. Die Gemse wurde fortgetrieben und nie wieder eingeladen.«

Zu den meistbestaunten Kuriositäten dieses Schlosses zählt das »Tischleindeckdich«– eine Art Speisenaufzug, ersonnen im Frankreich des achtzehnten Jahrhunderts. Dank dieser Konstruktion kann die fertig angerichtete königliche Tafel direkt von der Küche ins Speisezimmer hinaufgekurbelt werden. Was dem König bei solchen Gelegenheiten serviert wurde, hat Theodor Hierneis notiert. Danach gab es in der Regel eine Suppe, gefolgt von einer Vorspeise, »etwa Pastetchen, gratinierte Muscheln oder ähnliches, dann gekochtes Ochsenfleisch mit frischem Gemüse, ein Gang übrigens, den der König alltäglich wünschte, dann eine Zwischenspeise wie Lammkotelettes mit Kastanienpüree, Hühnerfrikassee, hernach Braten von Wild oder Geflügel nach der Jahreszeit, darauf etwas Dukatennudeln mit Krebsbutter als warme Süß-Speise, Rahmstrudel oder Savarin mit Früchten, dann Eis, Obst, Dessert und Mokka. Dazu wurde vor dem Braten das Getränk gereicht, Sorbet oder Waldmeisterbowle, Römischer Eispunsch oder was sonst gerade zum Menü passte.«

Die eigentliche Leibspeise des Königs scheint getrüffelter Pfau gewesen zu sein. »Recht beliebt« waren laut Hierneis aber auch »Klopse, fein haschierte Fleischklößchen, haschierte Kalbskoteletts mit Champignons oder Kartoffelbrei, Eieromelette mit Spargelspitzen oder mit gewiegter geräucherter Ochsenzunge gefüllt, und im Frühjahr die feinen Kiebitz- und Möweneier, die sechs Minuten gekocht, mitsamt der Schale halbiert und mit frischer Butter auf einer Serviette zu Tisch gebracht wurden. Der König stach dann nur den Dotter aus, das Weiße ließ er liegen.«

Gelegentlich dinierte Ludwig II. aber auch in seiner künstlichen, rund zweihundert Meter nordöstlich gelegenen Tropfsteinhöhle – dem technisch ausgereiftesten Illusionstheater, das er je in Auftrag gab. Mit seiner bis zu zehn Meter hohen Decke, mit seinem »Felsen- und Stalaktitengezack aus Cement«, mit seinen »gemalten Geistererscheinungen«, mit seinem Wasserfall und dem goldenen Muschelkahn, der auf dem künstlich angelegten See schaukelt, ist dieses Raumkunstwerk eine Bühne, die sich verwandeln lässt. Denn »die Zaubernacht der Grotte wurde elektrisch erhellt«, wie Peter Wolf vom Haus der Bayerischen Geschichte schreibt. Bei roter Beleuchtung ruft die Tropfsteinhöhle die Erinnerung an die Venusgrotte im Hörselberg aus dem ersten Akt von Wagners *Tannhäuser* wach. Bei blauem Licht wähnte sich Ludwig II. in der Blauen Grotte zu Capri.

Krebsbutter mit Dukatennudeln – das »Tischleindeckdich« im Speisezimmer von Schloss Linderhof

Wollte er damit an die Vorstellungen seiner Zeitgenossen anknüpfen, die im 1826 wiederentdeckten »Original« der Blauen Grotte einen Sehnsuchtsort homoerotischer Phantasien sahen? Sein penetranter Wunsch nach einem »blaueren Blau« war jedenfalls eine große Herausforderung für die damals noch junge Farbenindustrie und bescherte der Badischen Anilin- und Sodafabrik (BASF) das Patent zur Herstellung künstlichen Indigos.

Zugegeben: Die künstliche Tropfsteinhöhle ist »reines Blendwerk« und »nur auf den Theatereffekt berechnet«, wie es im schon erwähnten Reiseführer aus dem Jahr 1887 heißt. Andererseits stellt sie »ein Traumbild von märchenhafter Poesie mit sinnenberückenden Täuschungen« dar. Wie programmgemäß »der königliche Grottenbesuch« ablief, der »meist nachts stattfand«, schildert Kobell: »Zuerst fütterte der Monarch zwei aus ihrem gewöhnlichen Domizil, dem Schloßbassin, herbeigeschaffte Schwäne, hernach bestieg er mit einem Lakai einen vergoldeten Kahn in Form einer Muschel und ließ sich auf dem durch einen unterseeischen Apparat bewegten Wasser herumrudern. Unterdessen hatten sich der Reihe nach die farbigen

Sehnsuchtsort homoerotischer Phantasie – die Blaue Grotte in Capri
(Ferdinand Flohr, um 1837)

Der König träumt im Muschelkahn – die künstliche Tropfsteinhöhle von Linderhof als »Blaue Grotte«

Beleuchtungen abzulösen, jeder waren zehn Minuten zugemessen, damit der König den Anblick genügend genießen konnte. Phantastisch schimmerten Wellen, Felsenriffe, Schwäne, Rosen, das Muschelfahrzeug und der dahingleitende Märchenkönig. Wer aber hinter die Coulissen blickte, fand eine melancholische Prosa, einen abgehetzten Elektrotechniker, sieben von Arbeitern ständig geheizte Öfen, welche die Temperatur von 16 Grad Réaumur hervorbringen und unterhalten mußten, und dazu die riesigen, von der blauen Grotte allmählich verschlungenen Summen. Aber der König wünschte keinen Geschäftsbericht, indem er sagte: ›Ich will nicht wissen, wie es gemacht wird, ich will nur die Wirkung sehen.‹ Diese steigerte sich noch regelmäßig am Schlusse der Programmabwicklung, dann glühte der Wasserfall in rot oder gelb, und ein Regenbogen wölbte sich über das Thannhäuserbild. Dies war die schwierigste Aufgabe für den Illuminator, der unter Beihilfe von biederen Gebirgsbewohnern das Feuer und die Maschinen zu unterhalten hatte.«

Tatsächlich war der technische Aufwand enorm. Im Park stand eines der ersten Elektrizitätswerke Bayerns. Die Firmen Schuckert (Nürnberg) und Gramme (Paris) hatten insgesamt vierundzwanzig neu entwickelte Dynamos geliefert, die von einer Dampfmaschine betrieben wurden. Sie erzeugten den Strom für die verschiedenen Apparate – etwa für den »Regenbogen-Projections-Apparat«, für die Wind- und Wellenmaschinen und für die vierundzwanzig Bogenlampen, die die unterschiedlichen Lichtstimmungen hervorzauberten.

Genau genommen war die ganze Umgebung von Schloss Linderhof ein einziges königliches Disneyland, eine Drehbühne voller Verwandlungsmöglichkeiten: Tief im Ammerwald, nahe der Grenze zu Tirol, ließ Ludwig II. beispielsweise die Hundinghütte aus dem ersten Akt von Wagners *Walküre* nachbauen – und zwar, genau nach der Regieanweisung, als primitive germanische Behausung aus »roh gezimmertem Holzwerk« mit dem »Stamm einer mächtigen Esche« inmitten des Raumes, deren Äste durch das Dach hinauswuchsen.

Hatte der König seinen Besuch angemeldet, legte man Bärenfelle auf dem Steinboden aus, schichtete Brennholz im offenen Kamin auf und bereitete Kartoffeln und »Steckerlfische« vor, die »in der Asche geglüht« wurden. »In der Hundingshütte speist der König am einfachen Holztisch«, ergänzt Hierneis. »Da stehen dann Hörner, mit Met gefüllt, silberne Hirsche oder Rehe enthalten die Sahne zum Mokka, und kleine Eulen dienen als Salzgefäße und Pfefferstreuer.« Ludwig II. pflegte sich bei seinen Aufenthalten in dieser hemdsärmeligen Atmosphäre »in irgendeine Lektüre« zu vertiefen, »deren Inhalt im schärfsten Gegensatz zu dem urwüchsigen Bärenhäutertum stand, das ihn umgab. Oder er ergötzte sich an den lebenden Bildern, die ein auf Geheiß inszeniertes Metgelage im altgermanischen Stil darbot«, so Kobell. Als Statisten wurden üblicherweise Angehörige des Dienstpersonals verpflichtet, denen der Honigwein laut Böhm »durchaus nicht munden wollte«. Das Vergnügen des Königs scheint dadurch nicht getrübt worden zu sein. Überdies soll er bei solchen Gelegenheiten »von besonders wohlgestalteten« jungen Männern Tänze aufführen lassen haben, »bei welchen gar kein Kostüm« jeder anderen Verkleidung vorgezogen wurde.

Nahe der Hundinghütte, »im nämlichen Walde«, befand sich eine weitere Illusionsarchitektur: die »Einsiedelei des Gurnemanz« – eine windschiefe Kapelle aus Baumrinden, die sich an einen Felsen lehnte und ebenfalls auf das Bühnenbild einer Wagner-Oper zurückging, auf den dritten Aufzug des *Parsifal*. Ludwig II. hatte den merkwürdigen Bau schon fünf Jahre vor der Uraufführung des *Parsifal* errichten lassen – auf der Grundlage jenes Prosa-Entwurfs, den ihm Wagner im Frühjahr 1877 zugeschickt hatte. Als die Einsiedelei Ende August fertig war, schrieb der König an den Komponisten, er hoffe, dass die Wiese vor dem kleinen Gotteshaus »im nächsten Jahr zur blumigen Au sich verschönern wird; eine Quelle fließt dicht dabei; Alles mahnt mich dort an jenen Charfreitagsmorgen Ihres

Met, Steckerlfisch und Burschen im Adamskostüm –
die Hundinghütte bei Linderhof (Heinrich Breling, wohl 1886)

wonnevollen ›Parsifal‹, der mit überwältigender Macht mir bis in die tiefste Seele drang. Dort ist es gut sein und der Genuß des Versenkens in den Geist der altgermanischen und mittelalterlichen Dichtungen ein erhöhter!« Jedoch – die herbe Natur des Gebirges verweigerte sich, zumal die Einsiedelei in gut elfhundert Meter Höhe lag. »Der Hofgärtner setzte also mit Blumen reichlich versehene Rasenstücke in das Erdreich, und die Pseudowiese prangte im buntesten Farbenschmuck. Nachts kamen die Hirsche und ästen ihn weg. Des Hofgärtners Sisyphusarbeit erneuerte sich, so oft der König kam«, schreibt Kobell.

Eine ganz andere Stimmung umfing das Marokkanische Haus. Es traf – in Kisten verpackt – aus Paris ein, wo es auf der Weltausstellung des Jahres 1878 als Bazargebäude für orientalische Stoffe gedient hatte. In der Nähe von Linderhof neu aufgebaut und auf Wunsch des Königs prunkvoller eingerichtet als ursprünglich, verbreitete es nach dem Zeugnis Kobells »eine wahre Sultanspracht. Hier ließ der König dann und wann sein Personal sich in buntgestickten afrikanischen Gewändern auf Polster und Teppiche lagern, aus Tschibuk [Tabakspfeifen] und Nargileh [Wasserpfeifen] rauchen und Sorbett schlürfen.« Hierneis berichtet ergänzend, der König habe sich im Marokkanischen Haus abwechselnd Pyramiden- und Veilchenbowle servieren lassen. »Die eine, in der Ananasgeschmack vorherrschend war, wurde mit Datteltörtchen gereicht; zur Veilchenbowle – sie wurde aus getrockneten Veilchenwurzeln bereitet, die, einige Stunden in französischem Sekt eingeweicht, ein merkwürdig starkes Aroma verbreiteten – gab es Petits fours, die dann mit kandierten Veilchenblüten belegt waren.«

Sieht man vom Maurischen Kiosk ab – einem märchenhaften Prunkbau mit goldener Kuppel und vier flankierenden Minaretten, der als Beitrag Preußens auf der Weltausstellung von 1867 gezeigt worden war und heute ebenfalls in Linderhof steht –, dann lebte Ludwig II. seine Orientbegeisterung am spektakulärsten bei Garmisch-Patenkirchen aus. Inmitten gewaltiger Gebirgspanoramen und schneeglänzender Gipfel gab er das

Sultanspracht im Graswangtal – der Pfauenthron
im Maurischen Kiosk von Linderhof

Königshaus auf dem Schachen in Auftrag – eine Bergresidenz, die auf den ersten Blick einem Schweizer Chalet ähnelt.

Tatsächlich aber hatte der Monarch bei der Planung die Sommerhäuser der osmanischen Oberschicht rund um den Bosporus vor Augen. Das mit Zirbelholz verkleidete Parterre ist noch vergleichsweise bescheiden eingerichtet. Doch wer über die enge Wendeltreppe ins Obergeschoss hinaufsteigt, glaubt, einer Wahnvorstellung zu erliegen. Die bunten Glasfenster des Türkischen Saals erzeugen einen Farbenrausch in Blau, Gold und Rot, der sich durch das Licht der einfallenden Sonne ins Psychedelische steigert. Kostbar bezogene Diwane, schwere Vorhänge, flauschige Teppiche, emaillierte Vasen mit Wedeln aus Pfauen- und Straußenfedern, üppige Räuchergefäße, prunkvolle Kandelaber und ein plätschernder Springbrunnen entfalten eine Märchenpracht von orientalischer Schwüle, die jedem Besucher den Atem raubt. Man möchte meinen, sich ins Bühnenbild von Mozarts Oper *Die Entführung aus dem Serail* verirrt zu haben – wenn nicht in die geheimen Gemächer der Alhambra. Erst das Gebimmel der Kuhglocken, das Geschirrgeklapper der benachbarten Almwirtschaft und die gellenden Ermahnungen der ums Wohlergehen ihrer Gäste besorgten Bedienung rufen einem wieder ins Bewusstsein, dass man nicht im fernen Morgenland weilt, sondern im bayerischen Hochgebirge.

Für Ludwig II. hatte die wildromantische Natur einen fernöstlichen Reiz. Die zerklüftete Wettersteinwand im Süden des Schachenhauses, der jähe Felsabsturz zum Reintal im Westen, darüber die Ahnung ewigen Eises – so stellte sich der königliche Schwärmer den Himalaya vor. Des Öfteren feierte Ludwig II. am 25. August – draußen lag zu diesem Zeitpunkt oft schon Schnee – auf dem Schachen seinen Geburtstag. Bei solchen Anlässen mag er auch, wie von Kobell beschrieben, lesend und »in türkischer Tracht« auf einem der Diwane gesessen haben, »während der Troß seiner Dienerschaft, als Moslems gekleidet, auf Teppichen und Kissen herumlagerte, Tabak rauchend und Mokka schlürfend, wie es der königliche Herr befohlen hatte, der dann häufig überlegen lächelnd die Blicke über den Rand des Buches hinweg auf die stilvolle Gruppe schweifen ließ. Dabei dufteten Räucherpfannen und wurden große Pfauenfächer durch die Luft geschwenkt, um die Illusion täuschender zu machen.«

Ähnlich exotisch hätte sich wohl nur noch der Chinesische Sommerpalast ausgemacht, den Ludwig II. ebenfalls vor der Kulisse der Alpen errich-

Außen unscheinbar, innen orientalische Opulenz –
das Schachenhaus vor der Kulisse des Wetterstein

ten wollte – wohl wenige Kilometer südwestlich von Linderhof, im deutschösterreichischen Grenzgebiet zwischen Ammerwald und dem Plansee.

Vorbild für den Entwurf scheint der alte Sommerpalast Yuánmíng Yuán gewesen zu sein, dessen Ruinen im Norden der chinesischen Hauptstadt Peking liegen. Der 1709 errichtete Komplex mit seinen hundertvierzig Gebäuden war 1860 von einer englischen Division in Schutt und Asche gelegt worden.

Ludwig II., dessen Interesse am Fernen Osten schon dadurch dokumentiert ist, dass er sich 1881 eine Auswahl japanischer Seidenarbeiten, darunter einen Kimono, in die Münchner Residenz schicken ließ, bereitete das Projekt mit der gewohnten Detailversessenheit vor. Er kaufte nicht nur »eine ganze chinesische Litteratur« an, so Graser. Der bayerische König studierte auch das chinesische Hofzeremoniell und beauftragte seinen Hofsekretär mit ersten Bestellungen passender Einrichtungsgegenstände.

Laut der Baubeschreibung, die im Geheimen Hausarchiv aufbewahrt wird, sollte der Chinesische Sommerpalast Ludwigs II. »durch eine hohe feste Mauer« eingeschlossen und »im Innern in Höfe und Gärten« mit verschlungenen Wegen, Laubengängen, Wasserbassins, Brückchen, Vasen und

Volieren aufgeteilt sein. Gedacht war an eine »Eingangspforte mit doppelter Bedachung«, an einen »Ehrenhof« und an eine »Freitreppe mit fünf Aufgängen«, die über eine repräsentative Terrasse mit Metall- und Steinlaternen direkt in den Thronsaal führen sollte. Dessen Fenster dachte man sich »mit reich verziertem Gitterwerk versehen und ganz vergoldet. An beiden Seiten der Türen sind phantastische Tische und Postamente, welche mit werthvollen Bronzen und Elfenbeinarbeiten geschmückt, angebracht. Diese Möbelstücke sind theilweise aus schwarzem Holze, Perlmutter, Elfenbein und Silber. Zur Beleuchtung des Ganzen hängen von der Decke unzählige kleine und große Laternen, Ampeln und Armleuchter mit dicken Wachskerzen.«

Stimmen von heute: Ludwig II., ein 3-D-Freak?

Der Mechatroniker und Raumfahrtexperte Gerd Hirzinger hat zahlreiche Projekte Ludwigs II. in 3-D realisiert. Was lässt sich denn zum technischen Standard der Schlösser Ludwigs II. sagen?

Zum einen hat der König auch beim Bau seiner Schlösser die Möglichkeiten seiner Zeit genutzt – dampfgetriebene Lokomobile zur Beförderung schwerer Lasten, moderne Stahlkonstruktionen, neuartige Materialien, zum Beispiel Eisen-Glas-Strukturen für das Dach des Wintergartens in der Münchner Residenz. Er hat Warmluftheizungen einbauen lassen. Er hat Telefonleitungen legen lassen.

Seit Jahren sind Sie dabei, die Schlösser Ludwigs II. zu digitalisieren und – unabhängig von Verfall oder Zerstörung – für alle Ewigkeit virtuell zugänglich zu machen. Sie realisieren sogar einige Projekte, die der König nicht mehr verwirklichen konnte, in 3-D. Auf diese Weise können Sie beispielsweise zeigen, wie die Burg Falkenstein, der Byzantinische oder der Chinesische Palast ausgesehen hätten. Was ist der Hintergrund?

Genau genommen war schon Ludwig II. ein 3-D-Freak. Er hat sich die Schlösser und was er sonst noch alles plante, räumlich zeichnen oder als Bühnenbilder vorführen lassen. Ich bin auch schon lange ein 3-D-Freak. Wir haben zunächst aus den Bildern der seit mehr als fünf Jahren um den Mars fliegenden DLR-Kamera Algorithmen (mathematische

Rechenvorschriften) entwickelt, mit denen die Marsoberfläche hochgenau in 3-D modelliert werden konnte. Später sind wir mit der Mars-Kamera auch über Bayern, speziell über Oberbayern, geflogen. Da gibt es ja interessante touristische Landschaften. Dann ist uns klar geworden: Man kann fotorealistische Landschaftsmodelle mit dieser Technik herstellen. Und mit Laserscannern lassen sich Gebäude außen und innen dreidimensional als »Punktwolken« modellieren. Ich habe deshalb mit angeregt, dass ein solcher Laserscanner bei der erstmaligen genauen Vermessung der Räume in Schloss Neuschwanstein zum Einsatz kam. Außerdem dachte ich mir, es wäre doch schön, wenn man die Räume dann auch gleich fotorealistisch in 3-D hätte. Als Nächstes haben wir also die Fusion mit den Farbkameradaten angepackt. Außerdem hatten wir ja schon 1995 die Space Mouse entwickelt, mit der man Objekte in einer 3-D-Umgebung bewegen kann. Sie gilt heute als weltweit populärstes 3-D-Mensch-Maschine-Interface und ist inzwischen auch für die Bedienung von Google Earth entdeckt worden. Was lag also näher, als die Räume in den gebauten Schlössern, aber auch die nie realisierten Bauten, virtuell interaktiv begehbar zu machen? Schließlich klagen die Besucher zum Beispiel in Neuschwanstein oft, sie würden bei den Führungen in zwanzig Minuten durch das Schloss geschoben, ohne so recht Zeit zu haben, alles genau anzuschauen. Das ist jetzt zumindest im Nachhinein möglich. Insofern kommt bei der Visualisierung der Projekte Ludwigs II. alles zusammen: Methoden der Weltraumtechnik und der Robotik, mein Interesse für Technikgeschichte und die Welt Ludwigs II. – und die Begeisterung für 3-D.

Der Chinesische Sommerpalast blieb wegen des überraschend frühen Todes Ludwigs II. ein Entwurf. Auch die Pläne für den Byzantinischen Palast wurden nicht mehr realisiert. Schon 1869 hatte der König erste Skizzen für dieses Projekt anfertigen lassen. 1885 griff er den Gedanken noch einmal auf. Als einer von mehreren möglichen Bauplätzen stand der hintere Elmauwald, rund fünf Kilometer südöstlich von Linderhof, zur Debatte.

Der zuständige königliche Förster Hölzl hatte ausweislich eines Briefes, der heute im Geheimen Hausarchiv aufbewahrt wird, keinen Zweifel, »daß es Seiner Majestät in der Elmau gefallen wird«, weil es »viel schönere Gebirgsthäler schwerlich« gebe. Der Standort sei zwar »etwas enge«, dafür

Blieb ein Wunsch des Königs – der Chinesische Sommerpalast
im deutsch-österreichischen Grenzgebiet

aber »ringsum mit circa 7000 Fuß hohen Bergen umgeben«, darunter vom »Kienjoch mit der senkrechten Steilwand, in welcher Adler horsten.«

Laut der Baubeschreibung sollte der von einem mächtigen Turm dominierte Palast »den Bedürfnissen und Sitten des 5.–6. Jahrhunderts entsprechend nicht nur für Pracht, sondern auch für die Vertheidigung festungsähnlich angelegt« werden. Vorgesehen waren ein »Thronsaalbau aus bunt gewürfelten Backsteinen«, »ein großer gewölbter Raum, als Bibliothek bezeichnet«, ein Schlafzimmer mit einer vergoldeten Kuppel sowie weitere Kuppelbauten, »teilweise aus Blei oder grün bemalt, wie solches vielfach zu sehen ist und heute noch in Rußland traditionell Anwendung findet«. Gegenüber dem Turm war ein eindrucksvoller Sakralbau geplant, der mit seinem Grundriss dem Vorbild der Hagia Sophia im heutigen Istanbul folgen sollte.

Wollte Ludwig II. mit diesem Palast an die Legende vom Heiligen Gral anknüpfen? Zumindest beschäftigte sich der König fast sein ganzes Leben lang mit diesem Mysterium, das sich aus keltischen, christlichen und orientalischen Quellen speist – und von Wagner im *Parsifal* in Szene gesetzt wurde. Es heißt, der Gral sei jener Kelch, der beim Letzten Abendmahl Verwendung fand und außerdem dazu diente, das Blut Christi unter dem Kreuz aufzufangen. Aus diesem Grund gilt das ominöse Gefäß als wundertätig. Es soll Glückseligkeit und ewige Lebenskraft garantieren. Vor allem aber werden ihm übernatürliche Heilkräfte zugeschrieben. Der Gral, so die Überzeugung seiner Verehrer, bringe Erlösung von irdischem Leid, von persönlichen Verfehlungen, von menschlichen Unzulänglichkeiten und weise den Weg ins Paradies.

Es ist kein Zufall, dass sich Ludwig II., der jeder Form von Esoterik, darunter auch der Zahlensymbolik, zugetan war, mit diesen Vorstellungen auseinandersetzte. Denn er litt nicht nur an seiner Ohnmacht als Herrscher einer konstitutionellen, zudem vom Kaiser in Berlin abhängigen Monarchie. Er fühlte sich auch als großer Sünder: Seine Tagebücher zeichnen ein erschütterndes Bild von der Not des Königs, seine homoerotischen Neigungen und sonstigen Gelüste sexueller Art zu unterdrücken. Aufgrund seiner katholischen Tradition musste Ludwig II. sein Tun als zutiefst unmoralisches Unterfangen werten – und angesichts seiner Überzeugung, ein Monarch von Gottes Gnaden zu sein, auch noch als selbstverschuldete Entwürdigung seiner Majestät.

»Nur psychische Liebe allein ist gestattet, die sinnliche dagegen verflucht. Ich rufe feierlich Anathema [Verfluchung] über sie aus«, notierte der König 1869. »Kuß, von Königs-Lippen, letzter!«, heißt es 1871 – und ein Jahr später: »Hände kein einziges Mal mehr hinab, bei schwerer Strafe.« In der Neujahrsnacht 1873 schwor er in seinem Schlafzimmer in Linderhof »auf das Feierlichste – bei dem heiligen, reinen Zeichen der königlichen Lilien – im Laufe des soeben begonnenen Jahres jeder Anfechtung auf das tapferste zu widerstehen; Mich auf diese Weise stets mehr und mehr von allen Schlacken zu reinigen, die der menschlichen Natur leider anhaften, und so Mich immer würdiger der Krone zu machen, die Gott mir verliehen hat«. 1877 wiederholte er den Vorsatz zum wer weiß wievielten Mal: »Keinen Kuß mehr. Reinheit, Königtum!!« Er schwor, »daß gestern es das letzte Mal für immer war, erkauft durch das königliche Blut (der heilige Gral)! Absolut das letzte Mal bei der Strafe, aufzuhören König zu sein!« Doch noch im Juni 1886, sechs Tage vor seinem Tod, plagten ihn seine naturgegebenen Empfindungen: »Auch der Küsse streng enthalten. Ich schwöre es im Namen des Königs der Könige.«

Vermutlich wusste Ludwig II., dass die Hagia Sophia als einer jener Orte gilt, an denen der Heilige Gral einst aufbewahrt worden sein soll. Dachte der König also daran, mit seinem Byzantinischen Palast und dessen Gotteshaus nach dem Vorbild der Hagia Sophia eine Art Gralstempel mitten ins oberbayerische Elmautal zu stellen? Es sieht ganz danach aus. Außerdem war der Byzantinische Palast allem Anschein nach nicht das einzige Bauprojekt, das auf das Mysterium des Heiligen Grals Bezug nehmen sollte. In diese Reihe gehört wohl auch die geplante, aber nicht mehr begonnene »Raubritterburg« auf dem jäh aufragenden Falkenstein bei Pfronten im Allgäu.

Das dortige fast dreihundert Quadratmeter große, von einer vierzehn Meter hohen Kuppel überwölbte Schlafzimmer – eine Architektur-Utopie mit Anklängen an die Hagia Sophia und den Markusdom in Venedig – hätte wie ein Mausoleum gewirkt. Wollte Ludwig II. in dieser »heiligen Halle« jenen »Tempelschlaf« halten, zu dem sich mittelalterliche und frühneuzeitliche Heilig-Land-Fahrer in die Grabeskirche von Jerusalem begaben, um nach einigen Stunden der Ruhe gleichsam »wiedererweckt« und aller Sünden ledig ein neues Leben zu beginnen?

In Neuschwanstein – der weltberühmten »Gralsburg des Märchenkönigs« (Michael Petzet), die vier Kilometer östlich von Füssen »wie ein Kristall aus dem Felsen« (Eberhard Hanfstaengl) wächst – ist das mittelalterliche Mysterium gar nicht mehr zu übersehen. Bei den Planungen war der König in erster Linie von der Wartburg bei Eisenach, der wiederaufgebauten Burg von Pierrefonds bei Compiègne und von Wagner'schen Bühnenbildern inspiriert. So schrieb Ludwig II. an den Komponisten: »Ich habe die Absicht, die alte Burgruine bei der Pöllatschlucht neu aufbauen zu lassen im echten Styl der alten deutschen Ritterburgen. Der Punkt ist einer der schönsten, die zu finden sind, heilig und unnahbar. Reminiszenzen aus ›Tannhäuser‹ (Sängersaal mit Aussicht auf die Burg im Hintergrunde), aus ›Lohengrin‹ (Burghof, offener Gang, Weg zur Kapelle) werden Sie dort finden.«

Außerdem kann Neuschwanstein, das in Blickweite des elterlichen Sommersitzes Hohenschwangau liegt, laut einem ZDF-Bericht als »Märchenschloss mit Telefonanschluss« gelten. Denn Ludwig II. bediente sich auch hier neuester technischer Raffinessen. Zur Ausstattung gehören eine Fernsprechanlage, batteriebetriebene Klingeln zum Rufen der Dienerschaft,

Noch eine Utopie – des Königs »Raubritterburg« auf dem Falkenstein bei Pfronten im Allgäu. Das Schlafzimmer sollte knapp dreihundert Quadratmeter messen (Christian Jank, 1883)

Baustelle bis über den Tod Ludwigs II. hinaus –
Schloss Neuschwanstein bei Füssen

eine zentrale, regulierbare Warmluftheizung, eine Warmwasseraufbereitungsanlage und Toiletten mit automatischer Spülung. Die bizarre Architektur ruht auf einer bahnbrechend neuen Stahlkonstruktion. Und wenn man den Kunstmarmor entfernt, stößt man auf gußeiserne Säulen. Schon bei der Vorbereitung des Bauplatzes hatten umfangreiche Sprengungen – das Bodenniveau musste acht Meter tiefergelegt werden, um die erforderliche Fläche zu schaffen –, zischende Dampfkrähne und fauchende Lokomobile den stillen Bergwald in einen Hexenkessel verwandelt.

Der heutige Besucher des »Juwels im Felsengarten« (Heinrich Kreisel) ahnt davon nichts, erst recht nicht, wenn er das Appartement des Königs im sogenannten Palas durchschreitet. Die Möbel sind schwer und dunkel, die Wände mit Bildern geschmückt – und die unzähligen Fialen auf dem Baldachin des Betts, das einem Alkoven gleicht, erinnern an die spitzen, durchbrochenen Turm- und Dachlandschaften gotischer Kathedralen. Man wandelt durch eine idealisierte Welt des Mittelalters.

Trotzdem war Neuschwanstein für Ludwig II. wohl mehr als eine begehbare Theaterkulisse. Darauf deutet der unvollendete Thronsaal hin – »das einzige verwirklichte byzantinische Projekt des Königs«, so der Kunsthistoriker Marcus Spangenberg. Denn auch dieser sakral anmutende Raum leitet seine Architektur letztendlich von der Hagia Sophia ab und stellt damit den Gral als Symbol der Reinheit und Erlösung in den Mittelpunkt der Betrachtung: Träumte sich Ludwig II. vor der Apsis mit den überlebensgroßen Gemälden von sechs heiliggesprochenen Königen am Ende sogar in die Rolle Parsifals hinein? Hoffte er hier auf die Erlösung von seinen »sündhaften« Trieben, von seinem »Versagen« als »König von Gottes Gnaden«, dem es weder gelungen war, die Eigenständigkeit seines Landes zu bewahren, noch, einen Thronfolger zu zeugen? Jedenfalls bewohnte Ludwig II. Schloss Neuschwanstein wegen seines frühen Todes insgesamt nur wenige Wochen. Er erlebte seine Gralsburg lediglich als Baustelle. Selbst heute sind von den weit über hundert geplanten Räumen kaum vierzig vollendet.

Auch Schloss Herrenchiemsee, von Ludwig II. als Denkmal für den verehrten Sonnenkönig konzipiert, blieb ein Torso. Der Nordflügel, der zum Zeitpunkt des Todes Ludwigs II. im Rohbau dastand, wurde 1907 sogar wieder abgerissen. Das »bayerische Versailles« ist allerdings keine detailgetreue Kopie seines französischen Vorbildes. Nein, in Herrenchiemsee sei es dem König gelungen, »die Architektur Ludwigs XIV. noch zu übertreffen«, schreibt Hermann M. Hausner. Denn zum einen ließ der bayerische König auf der Chiemsee-Insel Räume rekonstruieren, die es im Versailles des neunzehnten Jahrhunderts gar nicht mehr gab. Zum anderen beauftragte er seine Künstler und Handwerker, die wichtigsten Zimmerfluchten aus dem Schloss des Sonnenkönigs noch prächtiger nachzubauen. Und wieder hatte sich Ludwig II. gründlich vorbereitet: Die bayerische Gesandtschaft in Paris war wochenlang damit beschäftigt, alle Bücher, Pläne, Fotografien und Stichfolgen zur Baugeschichte und Ausstattung von Versailles zusammenzutragen, die der König wünschte.

Außerdem reiste er im August 1874 unter dem Decknamen eines »Grafen von Berg« höchstselbst nach Versailles, wo er nach dem Zeugnis Kobells »eine Entrevue mit dem Minister des Äußern, Herzog Decazes«, hatte, das Schloss besichtigte und sich »durch dessen Gemälde, Statuen und Möbel, durch den Garten, durch die springenden Wasser, durch die Blumenparterre und Bosquete vergangene Zeiten, die Könige und Königinnen von Frankreich ins Dasein« zurückrief. Bei seinem Besuch in Versailles, meint Heinrich Kreisel, muss es dem König »wie Schuppen von den Augen gefallen sein: In diesem großartigen Bauwerk manifestierte sich ein anderes, ein souveränes, ein unumschränktes Königtum, wie er es nicht mehr ausüben konnte. Hier war sein Ideal des Königtums – leider allerdings zweihundert Jahre vor ihm – verwirklicht worden.« In einem Brief an seinen

Flügeladjutanten schwärmt Ludwig II. denn auch: »Wie an einen wundervollen Traum gedenke ich meiner Reise nach Frankreich, des endlich erschauten angebeteten Versailles.«

Um einen Bauplatz zu erwerben, hatte der König für 350 000 Gulden gleich ganz Herrenwörth gekauft – mit 238 Hektar die größte der drei Chiemsee-Inseln. 1878 wurde der Grundstein gelegt. Jedes Jahr weilte der König einige Tage auf der Insel und nahm den Fortgang der Bauarbeiten in Augenschein. Um sich einen Eindruck von der Pracht des fertigen Schlosses zu verschaffen, ließ er bei einem dieser Besuche alle Gerüste hinter riesigen Kulissen verschwinden, den noch nicht vorhandenen Garten auf Stoffbahnen malen und das Ganze bengalisch beleuchten. Weil ihm Düfte wichtig waren, wünschte er zudem, im südlichen Treppenhaus Tausende blühender Rosen, Lilien, Orangen- und Jasminzweige aufgestellt zu sehen, die nach dem Zeugnis Kobells »aus Holland herbeischafft« wurden und alle »Stufen, Nischen und Geländer mit ihrem Farbenschimmer belebten«.

Im Schlafzimmer Ludwigs II. diente eine große blaue Glaskugel als »Nachtlicht, welches mit mondlichtähnlichem Schimmer Raum und Bett übergoß«. Allerdings war der König unzufrieden, da ihm das Licht – wie zuvor schon in der Grotte in Linderhof – nicht blau genug erschien. »Nun ging es ans Experimentiren, Korrigieren, Probieren«, berichtet Kobell. »Eine dickere Glaskugel, eine dünnere Wachskerze, ein dunkleres Blau, alles Mögliche wurde angewandt, aber stets kam entweder ein weißes Licht oder gar keines zum Vorschein.« Erst nach eineinhalb Jahren gelang die Lösung: Der Hofilluminator Otto Stöger träufelte das in Linderhof so erfolgreiche Anilinblau in »immer dickeren Schichten über die Kugel und fixierte die Tinten mit Siccativ«.

Außerdem erwies sich, laut Kobell, die ganze Einrichtung als ziemlich unpraktisch. Denn der Glanz, den Ludwig II. beschwor, »raubte ihm jede Behaglichkeit. Nur ungern senkte sich der Schlaf auf seine Augen in dem mit Schmuck beladenen Bett, unsanft lag der Körper auf den zollhohen Reliefstickereien des Kanapees; setzte sich der König an den Tisch, kamen seine Knie in empfindliche Berührung mit der Goldornamentik, die Schreibmappe war wegen ihrer Porzellan- und Metallbelastung schwer zu benützen, der Federhalter derart mit benvenutischen Zieselierungen übersät, daß ihn die Hand nur auf kurze Zeit zu ergreifen vermochte.«

Von solcherlei Ungemach konnte sich der König im Spiegelsaal erholen, der bedeutendsten Raumschöpfung von Herrenchiemsee. Auf dreiunddreißig Kristallüster und vierundvierzig Kandelaber verteilten sich über zweitausendfünfhundert Wachskerzen. Ludwig II. wollte sie jedes Mal angezündet sehen »und labte sich dann an dem zauberhaften Effect, vor allem hervorgerufen durch den tausendfachen Widerschein der Spiegelwände«, so der Reiseführer aus dem Jahr 1887.

Im Spiegelsaal von Herrenchiemsee soll angeblich auch jenes höchst ominöse »Geisterdiner« stattgefunden haben, von dem Marie von Wallersee, ehemalige Gräfin Larisch, Nichte und Hofdame der Kaiserin Elisabeth von Österreich, in ihren wenig glaubwürdigen, dafür umso phantastischer anmutenden Lebenserinnerungen berichtet: »Kurz vor Mitternacht schimmerte die wundervolle Galerie im sanften Lichte vieler Kerzen und verwandelte die Kristallkandelaber in Ketten glitzernder Diamanten. Der mit goldenem Besteck, kostbarem Glas und Blumen geschmückte Tisch war für dreizehn Gäste gedeckt; fünf Minuten vor Mitternacht betrat König Ludwig den Saal, ihre Ankunft zu erwarten. Als die Uhr zwölf schlug, öffneten sich die großen Flügeltüren, und der Zeremonienmeister meldete – Königin Marie Antoinette. Ludwig ging ihr entgegen, und was sah er? Eine märchenhaft schöne Frau in zarter Seide, das gepuderte Haar mit Perlen und Rosen umwunden. Ludwig XIV., mit wallender Perücke und einem Gewande aus steifem, goldgesticktem Brokat, kam mit kleinen Schritten auf hohen roten Absätzen seinem Gastgeber entgegen. Dann blickte die Königin Mary von Schottland, lieblich anzuschauen in ihrem schwarzen Samtkleide, dem Könige tief in die Augen und bezauberte seine Seele. Katharina die Große, im Glanz ihrer stolzen Gewänder, brachte einen Hauch von Blut und Sinnlichkeit in den strahlenden Raum, und der romantische Troubadour Wolfram von Eschenbach, der hinter der hohen Dame herschritt, erschauerte, als er aus Versehen ihren Arm streifte. Zusammen mit dem siegreichen Alexander trat Julius Cäsar herein, dessen Glatze der Lorbeerkranz verdeckte, und Kaiser Konstantin folgte ihnen im Banne der Kreuzesvision. Hamlet, Prinz von Dänemark, und der übellaunige Diogenes fühlten sich in dem Lichterglanz sehr wenig heimisch, und ebenso erging es dem Kaiser Barbarossa, der mürrisch Ludwigs Gruß hinnahm. Der nächste Ankömmling war ein ernster Mönch. Dann blickte der König besorgt drein, denn ein Gast fehlte. Doch endlich schwebte die Fee der Ber-

Blau wie der Mond – das Schlafzimmer Ludwigs II. in Schloss Herrenchiemsee

Noch prächtiger als Versailles – der Spiegelsaal in Schloss Herrenchiemsee

ge in den Saal. Sie war schön wie das Morgenrot im Gebirge, und ihre Augen waren tiefblau wie stille Gletscherseen. Jetzt ging man zu Tisch, und dreizehn Diener bedienten die Gäste. Die Gebirgsfee aber saß neben dem König und sprach von ihrem fernen Heim, in dem flüchtige Bäche über smaragdene Wasserpflanzen huschen. Sie atmete ihm den Duft des blumigen Mooses entgegen, und der entzückte König hatte wenig Aufmerksamkeit übrig für Marie Antoinette, die Nichtigkeiten vom Trianon und den Versailler Fontänen erzählte. Zum Schlusse hielt Ludwig einen Trinkspruch auf seine Gäste, und als die große vergoldete Uhr eins schlug, zerschellte er sein Glas. Dann verschwand leise und schwebend die gespenstische Versammlung, und der König schritt hinter ihr drein.« Ob sich das wirklich alles so zugetragen hat? Andererseits – wer möchte es mit letzter Sicherheit ausschließen? Immerhin gilt Ludwig II. ja als *der* Märchenkönig schlechthin ...

Eine letzte Erfüllung?
Die Meerfahrt

Der König hatte sich verändert. Aus dem blühenden Jüngling war in den letzten zehn, zwölf Lebensjahren eine übergewichtige Falstaff-Figur geworden. Er hatte Leistenbeschwerden, trug riesige schwarze Stiefel und schlecht sitzende Überzieher. Wie seinem großen Vorbild, König Ludwig XIV. von Frankreich, machten ihm die Zähne zu schaffen. Die für ihre blumigen Ausschmückungen berüchtigte Marie von Wallersee erzählt: »Ludwig stand wirklich da wie ein Bild des Jammers. Er war der größtgewachsene Mann in Bayern, und da die Bandagen, mit denen sein Gesicht umwickelt war, weit herausstehende Enden hatten, sah sein Kopf aus wie der einer riesigen weißen Eule. Gnädig bot er mir die Hand zum Kusse, wobei mir ganz übel wurde von dem Schwall von Gerüchen, der ihr entströmte. Es roch lieblich durcheinander nach Laudanum, Chloroform, Nelken, Kampfer und andern Zahnheilmitteln.«

Die Lücken waren nur mühsam von Teilprothesen verdeckt, die man mit dünnen Darmsaiten festgebunden hatte. Ludwig II. konnte weder gut beißen, geschweige denn deutlich sprechen. Das förderte seine Menschenscheu. Anfangs versuchte er noch, sich zu verstecken. Bei großen Tafeln ließ er üppige Blumenbuketts vor seinem Platz drapieren, hinter denen er nahezu unsichtbar blieb. Später zog er sich ganz aus der Öffentlichkeit zurück.

Wie ein Vertreter des mittelalterlichen Reisekönigtums eilte er, nirgendwo sesshaft, von einem Refugium zum anderen, stets begleitet von seinem Tross, der nach den Akten des Obersthofmarschallstabs aus »6 Chaisen

Ludwig II. um 1883; die einstige Schönheit – perdu!

für die Dienerschaft« bestand, zu denen »3 Fourgone [Gepäckwagen] Seiner Majestät« kamen, außerdem »1 Garderobewagen, 1 Küchenfourgon und 2 Brankarde [Lastkarren]« voller Lebensmittel, Hausrat, Bücher und Baupläne. Die Fahrten durchs Gebirge waren gefährlich, vor allem im Winter. Obwohl man den schweren Küchenfourgon wegen der vereisten Wege auf Kufen gestellt und mit vier statt zwei Pferden bespannt hatte, fürchtete Theodor Hierneis bei einer dieser Partien um sein Leben: Lediglich »ein glücklich umgeschlagener Baumstamm hat uns vor dem Abrutschen in den Abgrund bewahrt. Daß dem König, dem nur das allerschnellste Dahinjagen recht war, nie etwas passierte, ist mir heute noch verwunderlich.«

Den Nervenkitzel scheint Ludwig II. gebraucht zu haben. Angeblich ließ er die damals zweithöchste Eisenbahnbrücke der Welt, die bei Großhesselohe über die Isar führt, für den Zugverkehr sperren, um mit seiner Kutsche darüberzudonnern.

Der König war ein Exzentriker, und er liebte die Nacht. Längst hatte er es sich angewöhnt, erst gegen Abend aufzustehen. Sein Frühstück – Kaffee, Hörnchen und Milchbrot – nahm er selten vor neunzehn Uhr ein. Das Diner ließ er sich in der Regel zwischen ein und zwei Uhr nachts servieren, das Souper oft erst morgens gegen sieben. Trotzdem verging kein »Tag« ohne Ausfahrt oder ein paar entspannte Stunden in der Natur. So pflegte der König gelegentlich auf einem der beiden türkisblauen Bergseen unterhalb der 2257 Meter hohen Soiernspitze in einem Segelboot schaukelnd bei hellem Mondlicht zu lesen. Außerdem legte er größten Wert auf wiederkehrende Rituale. Bei seiner Ankunft am Schachenhaus erwartete er jedes Mal ein Feuerwerk – ganz für sich allein. Eines Tages traf er erst um

Meisterwerk der Ingenieurskunst – die Großhesseloher Eisenbahnbrücke, damals die zweithöchste der Welt (F. Kirchgeßner, 1858)

fünf Uhr morgens ein, sodass die Raketen nach dem Zeugnis von Hierneis, »statt durch die Nacht zu zischen, lustig in den sonnenhellen Tag« flogen. »Aber Befehl ist eben Befehl.«

Trotzdem wurden offenbar nicht alle Aufträge des Königs ernst genommen. So sollte Karl Hesselschwerdt, der Marstallfourier, angeblich in Italien eine Bande dingen, »mit derselben den deutschen Kronprinzen gelegentlich seines Aufenthaltes in Mentone gefangennehmen« und ihn, in einer Höhle angekettet, »bei Wasser und Brot halten«. Außerdem wollte Ludwig II. dem Vernehmen nach seinen früheren, mittlerweile in Ungnade gefallenen Kabinettssekretär Friedrich von Ziegler und den selbstherrlichen Ministerratsvorsitzenden Johann von Lutz umbringen lassen. Emil von Riedel, der Finanzminister, der dem hochverschuldeten König den dringend benötigten Kredit zum Weiterbau der Schlösser verweigert hatte, sollte zumindest »nach Amerika expediert« werden. Für den Fall, dass auch die »Anleih-Versuche« beim Kaiser von Österreich, bei den Königen von Belgien und Schweden, beim Fürsten von Thurn und Taxis, beim türkischen Sultan, beim Schah von Persien und bei der Familie Rothschild fehlschlagen würden, hatte Ludwig II. angeblich sogar angeordnet, »Banken in Stuttgart, Frankfurt, Berlin und Paris« zu überfallen.

Gab es diese Befehle wirklich? Wenn ja, kamen hier cholerische Gewaltphantasien Ludwigs II. zum Ausdruck – im Affekt verübte, verbale Verbrechen, denen gar keine reale Tat folgen sollte? Oder waren diese angeblichen Verfügungen von einer Hofkamarilla erfunden und zu Protokoll gegeben worden, um den eigensinnigen, beratungsresistenten, zugegebenermaßen ziemlich anstrengenden König loszuwerden? Wirkliche Freunde hatte Ludwig II. – mit Ausnahme seines Cousins Ludwig Ferdinand, dessen Gattin Maria de la Paz und des Theatermaschinisten Friedrich Brandt – zu diesem Zeitpunkt wohl nicht mehr.

Der König war einsam, aber nicht allein. Junge Burschen umgaben ihn – zum Kammerdienst abgeordnete Soldaten der leichten Reiterei, Lakaien, Stallmeister, Rossknechte. Unter ihnen fand Ludwig II. seine Favoriten. »Teile dem Engel mit, daß es Mich ganz glücklich macht, von Ihm geliebt zu werden«, trug er seinem Marstallfourier auf und ergänzte, der namentlich nicht näher bekannte »Engel« dürfe sich in Florenz »einen schönen Zivilanzug« schneidern lassen. Seinen ersten Postillion Winzperger bezeichnete der König als »himmlischen Balduin. Sage ihm, daß ich heute viel von ihm geträumt und große Sehnsucht habe, ihn wieder zu sehen«. In den letzten Lebensmonaten scheint der etwa neunzehnjährige Vorreiter Jakob Brüller der Augenstern Ludwigs II. gewesen zu sein. Der König befahl, ihn als Pagen und als Lohengrin zu malen. Andere Lieblinge ließ er nach dem Zeugnis Gottfried von Böhms »in Marmor aushauen«. Das aber genügte dem König nicht.

Hesselschwerdt und zwei ihm unterstellten Bediensteten namens Götz und Schmalholz wurde aufgetragen, in ganz Europa, aber auch in Indien und Persien »Leute nach Vorschrift« zu suchen, das heißt: Männer mit jenen körperlichen Merkmalen, in die der König besonders vernarrt war. Von ihnen sollten Zeichnungen angefertigt oder Fotografien gemacht werden. Denn Ludwig II. hatte – nach dem Vorbild seines Großvaters – offenbar ebenfalls eine »Schönheitengalerie«. Die Bilder und Skulpturen der Herren standen angeblich überall in seinen Schlössern und Hütten – auf Kommoden, Konsolen und Tischen. Selbst auf den Wandgemälden in Neuschwanstein sollen sich attraktive, rotblonde Burschen aus Südtirol wiedererkannt haben, als die Schlösser nach dem Tod des Königs zugänglich wurden.

Hesselschwerdt, Götz und Schmalholz kamen dem Wunsch Seiner Majestät also nach. In drei Briefen reagierte Ludwig II. auf konkrete Nachrichten aus Athen, Nizza und Neapel. In Neapel sei zu »verhüten, daß es Spektakel gebe. Er muß jenem Mann Geld geben (keine allzu namhafte Summe, aber genügend), damit er sich photographieren lasse, als wenn es für einen Maler od. sonst wäre. Geht es nicht in Neapel, dann in einer anderen italienischen Stadt. Vorsicht ist dringend geboten. – Verbrenne dieses Blatt. Viele Grüße, Ludwig.« Spätere Treffen mit den Abgebildeten waren nicht ausgeschlossen: »Das Original selbst könnte ich vielleicht dann im November in Hohenschwangau kennenlernen.« Vorher jedoch möge Hesselschwerdt mit dem nicht näher Bezeichneten »recht intim« werden. Die anschließenden Treffen musste ebenfalls Hesselschwerdt arrangieren: »Lieber Karl! Es bleibt also bei morgen mit dem Drexel, mache es gut (11 Uhr abends). Hoffentlich kannst Du den Gendarmen noch sehen, so lange ich hier bin, große Vorsicht ist nötig. Viele Grüße. Ludwig. Verbrenne dies Blatt.«

Die letzten Versuche, Spuren zu verwischen, datieren aus den Tagen unmittelbar vor der Festsetzung Ludwigs II.: »Graf Dürckheim [der Flügeladjutant] ordnete noch schriftliche Sachen, und der König verbrannte alle

Briefe von Hesselschwerdt und anderen, damit, wie er sagte, seinetwegen niemand kompromittiert werde.« Die geheimen Leidenschaften Ludwigs II. hatten sich aber längst herumgesprochen.

Außerdem erzählte man sich, der König umarme immer wieder bestimmte Bäume. Friedrich von Ziegler erklärte ergänzend, »daß Seine Majestät vor einer Büste der Königin Marie Antoinette, welche auf der Terrasse des Linderhofes steht, stets das Haupt entblößte und deren Wangen streichelte«. Überdies habe ihm Ludwig II. grundlos mit einer Pistole ge-

Ludwig II. – ein Genie? Vom Wahnsinn umwittert? Die Frage beschäftigt ganze Generationen (Ferdinand Leeke, nach 1886)

droht, die Waffe jedoch als Thermometer bezeichnet. Der Stallmeister Richard Hornig, früher ein enger Freund des Königs, sagte ebenfalls gegen seinen ehemaligen Herrn aus. Er habe Seiner Majestät bei Eis und Schnee ganze Nächte auf dem Pferd folgen, ihm mit halberfrorenen Fingern und »entblößten Hauptes die Hermelindecke zurecht richten oder eine Orange schälen müssen«. »Alljährlich, wenn der König von Linderhof nach Berg zurückkehrte, wurde auf dem sogenannten Parapluie bei Kochel das Mittagsmahl bei jedem Wetter im Freien genommen. Auch hierbei mußte Hornig ohne Überzieher den in Mäntel gehüllten König bei Tisch bedienen, wobei er sich eine schwere Halsentzündung zuzog«, so Böhm.

War Ludwig II. verrückt? Erbbiologische Gutachten verweisen in diesem Zusammenhang gern auf Alexandra von Bayern, eine Tante des Königs. Sie hätte an der fixen Idee gelitten, ein gläsernes Klavier, ein Sofa oder zumindest einen Sessel verschluckt zu haben. Mit ihr setze die Reihe absonderlicher Vorfahren aber erst ein. Ahn Nummer 15 sei Karoline von Hessen-Darmstadt gewesen, die wähnte, ein Gespenst gesehen zu haben, und seither erst bei Sonnenaufgang ins Bett ging. Auch Ahn Nummer 72 gelte als auffällig: So heiße es in den Quellen, Ernst Ludwig von Hessen Darmstadt sei »stark wunderlich« und »gräulich ausschweifend« gewesen und habe sowohl weibliche als auch männliche »Favoriten« gehabt. Insofern müsse man gar nicht bis Ahn Nummer 4141 gehen – bis zur kastilischen Königin Johanna I. aus dem Hause Trastámara, die bekanntlich als »Johanna die Wahnsinnige« durch die Geschichte geistert. Kaiserin Elisabeth von Österreich hielt nichts von solchen Ableitungen und konterte:

> *Schließlich, was ist wohl Verrücktheit? …*
> *Ja vielleicht ist sie nichts And'res*
> *als die Weisheit langer Jahre.*
>
> *Weisheit, die sich so geärgert*
> *Ob der Schändlichkeit auf Erden,*
> *Dass sie weise sich entschlossen,*
> *Lieber selbst verrückt zu werden.*

Vielleicht aber meinten die Psychiater gar nicht diese Form der Verrücktheit, als sie Ludwig II. für regierungsunfähig erklärten. Franz Carl Müller – der Assistenzarzt Guddens, der als Mitunterzeichner des Gutachtens maßgeblich dazu beitrug, den König abzusetzen und zu entmündigen – bemühte sich um eine möglichst genaue Definition der »Allerhöchsten Erkrankung« und schrieb: »Ich gebe in diesem Fall weniger auf die mühsam aus allen Ecken und Enden hervorgesuchten Halluzinationen, sondern für mich war der Mangel an jeglichem moralischem Gefühl überzeugend. Wenn ich gefragt würde: ›Kann man nicht noch eine präzisere Diagnose stellen?‹, dann würde ich sagen: ›Ja, der König litt an folie morale, moral insanity, moralischem Irresein.‹« Ist es ein Zufall, dass Müllers Aussage eine bemerkenswerte Nähe zur damals gängigen Definition von Homosexualität aufweist? Nach dem weitverbreiteten *Praktischen Handbuch der gerichtlichen Medizin* aus dem Jahr 1860 bezeichnete man eine gleichgeschlechtliche Veranlagung in jenen Tagen als »eine Art moralischer Geschlechtswahnsinn«.

Als zweite Frage bleibt, auf welche Weise der König ums Leben gekommen ist. Wurde er ermordet? Erlitt er auf der Flucht einen Herzinfarkt? Oder ging er doch freiwillig ins Wasser? Der Schwan, der wegen seiner Schönheit und seiner weißen Farbe bei den alten Griechen als heiliges Tier des Apoll und als Symbol der Reinheit und des Lichts galt, war jedenfalls das Lieblingsgeschöpf des Königs. Aus der esoterischen Literatur dürfte Ludwig II. um die Bedeutung des Wasservogels gewusst haben.

Dem Schwan wurden nicht nur übernatürliche Eigenschaften zugesprochen. Die Gralshüter sahen in ihm die Verwandlungshülle und Wiedergeburt eines großen Toten. Und wer weiß: »Vielleicht sah sich auch Ludwig von der ›Schwanwerdung‹ durchdrungen, jener ›Meerfahrt‹ genannten ›Verwandlung‹ und Wiedergeburt, die mit dem Wasser und dem Tod in besonderer Beziehung steht«, mutmaßt der Kunsthistoriker Alexander Rauch. Dann wäre es kein Zufall, dass der Todestag des Königs gerade auf den Pfingstsonntag fiel, der wegen seiner theologischen Bedeutung für diese mystische Transformation besonders geeignet sein soll: »Sah Ludwig, der stets in solchen mystischen Zusammenhängen dachte, an diesem Tag und in diesem Tod die Möglichkeit, seinem ausweglosen Leben eine letzte Erfüllung zu geben?«, fragt Rauch. Sollte seine Vermutung zutreffen, bliebe nur eine Erklärung: Ludwig II. ist gar nicht gestorben, sondern – wie einst König Artus – über die Fluten nach Avalon entschwunden. Mit anderen Worten: Ludwig II. lebt. Und zwar für immer.

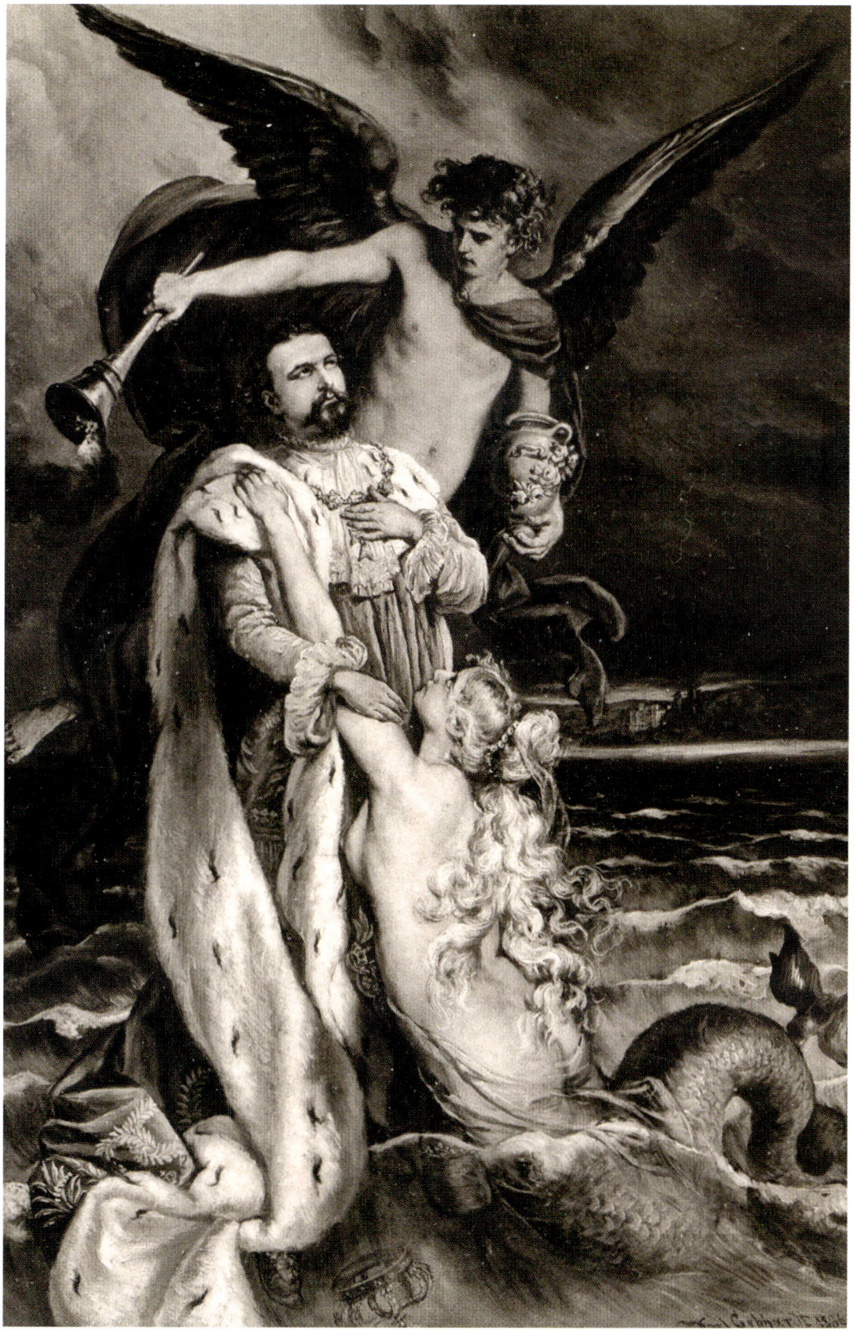

Ein herzliches Dankeschön allen guten Geistern, die beim Zustandekommen dieses Buches geholfen haben, besonders Christoph Bauer für den Anstoß, sich mit den exzentrischen Seiten Ludwigs II. zu beschäftigen, Jean Louis Schlim für die freundschaftliche Begleitung des Projekts, S. K. H. Herzog Franz von Bayern für den Zugang zum Geheimen Hausarchiv, Gerhard Immler, Andreas Leipnitz und Elisabeth Weinberger für die Unterstützung bei der Sichtung der Kabinetts- und Hofstabs-Akten Ludwigs II., Albert Reichold für das aufmerksame Gegenlesen und Marcus Spangenberg für die unbewusste Anregung, vor allem zeitgenössische Quellen sprechen zu lassen.

Zeittafel

1845 Ludwig Otto Friedrich Wilhelm wird am 25. August als Sohn des bayerischen Kronprinzen Maximilian und der Prinzessin Marie Friederike von Preußen in Schloss Nymphenburg vor den Toren Münchens geboren. Er wächst überwiegend in der Münchner Residenz und im elterlichen Sommerschloss Hohenschwangau bei Füssen im Allgäu auf.

1848 Der Vater wird als Maximilian II. König von Bayern. Bruder Otto erblickt das Licht der Welt.

1861 Ludwig erlebt seine erste *Lohengrin*-Aufführung.

1864 Nach dem Tod seines Vaters besteigt Ludwig II. den bayerischen Königsthron. Er holt den Komponisten Richard Wagner nach München. Im Sommer weilt er mit Kaiserin Elisabeth von Österreich und anderen Fürstlichkeiten in Kissingen.

1865 Der bayerische Justizminister Eduard von Bomhard berichtet, in Franken und Schwaben höre man, der König stehe »in unerlaubtem Umgang mit Männern«. Ludwig II. scheitert mit seinem Plan, am Münchner Isarhochufer ein Festspielhaus zu errichten.

1866 Im »Deutschen Bruderkrieg« kämpft Bayern auf der Seite Österreichs gegen Preußen. Vom 10. November bis 12. Dezember reist Ludwig II. durch Franken.

1867	Ludwig II. besucht die Wartburg bei Eisenach und die Weltausstellung in Paris. Er lässt sein Appartement in der Münchner Residenz im Stil Ludwigs XIV. umgestalten und auf dem Dach des Hofgartentrakts einen riesigen Wintergarten errichten. Im Oktober löst er seine im Januar eingegangene Verlobung mit Herzogin Sophie in Bayern auf.
1868	Der Bauplatz für Schloss Neuschwanstein wird geebnet. Am Starnberger See ehrt Ludwig II. die russische Zarin Maria Alexandrowna mit einem glanzvollen Fest.
1869	Beginn des Ausbaus von Linderhof. Um von Schloss Hohenschwangau über den Alpsee direkt zur Sperbersau zu gelangen, wünscht Ludwig II. eine Gondelseilbahn in Form eines Pfaus, deren Gewicht durch einen Ballon entlastet wird. Mit der technischen Konzeption beauftragt der König seinen Freund, den Theatermaschinisten Friedrich Brandt.
1870	Im »Deutsch-Französischen Krieg« kämpft Bayern an der Seite Preußens gegen Frankreich. Ludwig II. übernachtet zum ersten Mal in seinem neuerrichteten Schachenhaus bei Garmisch-Partenkirchen. Am 30. November schreibt er den »Kaiserbrief« und schafft damit die Grundlage zur Deutschen Einigung unter der Führung Preußens.
1872	Mit französischen Lustspielen beginnt im Münchner Hoftheater die Reihe der Separatvorstellungen. Die letzte geht 1885 über die Bühne.
1873	Ludwig II. spielt mit dem Gedanken, auszuwandern und auf fremder Erde ein absolutistisches Königreich zu errichten. In die engere Wahl kommen in den folgenden Jahren die Kanaren, das Land am Hindukusch, Ägypten und die Insel Rügen.
1874	Ludwig II. besucht Schloss Versailles.
1876	Bei Linderhof wird der Maurische Kiosk aufgestellt. Gleichzeitig beginnen die Arbeiten an der Hundinghütte und an der Venusgrotte. Ludwig II. besucht die ersten Festspiele auf dem Grünen Hügel in Bayreuth.
1877	Bei Linderhof wird die Einsiedelei des Gurnemanz errichtet.

1878	Baubeginn von Schloss Herrenchiemsee. Bei Linderhof wird das Marokkanische Haus aufgestellt.
1879	Mit seinem Puttenschlitten besitzt Ludwig II. das angeblich erste elektrisch beleuchtete Fahrzeug der Welt.
1881	Ludwig II. besucht mit dem Schauspieler Josef Kainz die Originalschauplätze von Schillers *Wilhelm Tell* in der Schweiz.
1882	In der Münchner Residenz wird auf Veranlassung Ludwigs II. ein Telefon installiert.
1883	Ludwig II. erwirbt die Ruine Falkenstein bei Pfronten im Allgäu, um an ihrer Stelle eine »Raubritterburg« zu errichten. In seiner Korrespondenz mit dem Theatermaschinisten Friedrich Brandt greift der König seine Idee zur Entwicklung eines lenkbaren Ballons wieder auf. Zur gleichen Zeit entwickelt der Luftfahrtpionier Gustav Koch »mit Allerhöchster Unterstützung« ein lenkbares Luftschiff. Vermutlich ist Ludwig II. dieser »Allerhöchste« Finanzier.
1884	Ludwig II. übernachtet zum ersten Mal in Neuschwanstein. Das Schloss ist allerdings noch eine Baustelle.
1885	Im Frühjahr weilt Ludwig II. zum letzten Mal in München. Er greift die bis 1869 zurückreichenden Pläne für einen Byzantinischen Palast wieder auf.
1886	Ludwig II. plant einen Chinesischen Sommerpalast. In der Nacht zum 12. Juni wird er in Schloss Neuschwanstein überwältigt. Man erklärt ihm, er sei regierungsunfähig, abgesetzt und entmündigt. Eine Kutsche bringt ihn nach Schloss Berg, wo er einer Behandlung unterzogen werden soll. In der Nacht vom 13. auf den 14. Juni wird er tot aus dem Starnberger See geborgen.

Empfehlungen zum Weiterlesen

Ursula Bartelsheim: *Versailles auf Rädern – Ludwig II. und sein Hofzug*, Nürnberg 2009

Gottfried von Böhm: *Ludwig II. König von Bayern – Sein Leben und seine Zeit*, zweite, vermehrte Auflage, Berlin 1924

Christof Botzenhart: *»Ein Schattenkönig ohne Macht will ich nicht sein« – Die Regierungstätigkeit König Ludwigs II. von Bayern*, München 2004

Philipp Fürst zu Eulenburg-Hertefeld: *Das Ende König Ludwigs II. und andere Erlebnisse*, Band 1, Leipzig 1934

A. Graser: *Die letzten Tage Ludwigs II. von Bayern – Nach authentischen Berichten herausgegeben*, Stuttgart 1886

Gisela Haasen: *Ludwig II. – Briefe an seine Erzieherin*, München 1995

Rupert Hacker: *Ludwig II. von Bayern in Augenzeugenberichten*, Düsseldorf 1966

Hermann M. Hausner: *Ludwig II. von Bayern – Berichte der letzten Augenzeugen*, München 1961

Theodor Hierneis: *Der König speist – Erinnerungen aus der Hofküche König Ludwigs II. von Bayern*, München 1953

Ludwig Hollweck: *Er war ein König – Ludwig II. von Bayern. Erlebtes, Erforschtes, Erdichtetes von Zeitgenossen und Nachfahren*, München 1979

Ludwig Hüttl: *Ludwig II. – König von Bayern*, München 1986

L(o)uise von Kobell: *König Ludwig II. von Bayern und die Kunst*, München 1898

Luise von Kobell: *Unter den vier ersten Königen Bayerns – Nach Briefen und eigenen Erinnerungen*, zweiter Band, München 1894

Max Koch von Berneck: *München und die Bayerischen Königs-Schlösser*, zweite Auflage, Zürich 1887

Franz Carl Müller: *Die letzten Tage Ludwigs II. – Der letzte Bericht eines Augenzeugen*, in: Süddeutsche Monatshefte Heft 11 (August 1929), S. 769–792

Hans F. Nöhbauer: *Auf den Spuren König Ludwigs II. – Ein Führer zu Schlössern und Museen, Lebens- und Erinnerungsstätten des Märchenkönigs*, München 1986

Detta und Michael Petzet: *Die Hundinghütte König Ludwigs II.*, München 1990

Ernst von Possart: *Die Separat-Vorstellungen vor König Ludwig II. – Erinnerungen*, München 1901

Mario Praxmarer und Peter Adam: *König Ludwig II. in der Bergeinsamkeit von Bayern und Tirol*, Garmisch-Partenkirchen 2002

Hans Rall, Michael Petzet und Franz Merta: *König Ludwig II. – Wirklichkeit und Rätsel*, zweite, veränderte Auflage, Regensburg 2001

Winfried Ranke: *Joseph Albert – Hofphotograph der bayerischen Könige*, München 1977

Alexander Rauch: *Schloß Herrenchiemsee*, München 1995

Klaus Reichold: *Keinen Kuß mehr! Reinheit! Königtum! – Ludwig II. von Bayern (1845–1886) und die Homosexualität*, München 2003

Walter von Rummel: *Ludwig II. – Der König und sein Kabinettchef*, zweite, stark erweiterte Auflage, München 1930

Jean Louis Schlim: *König Ludwig II. – Sein Leben in Bildern und Memorabilien*, München 2005

Jean Louis Schlim: *Ludwig II. – Traum und Technik*, zweite, veränderte und ergänzte Auflage, München 2010

Elmar D. Schmid: *Die Roseninsel im Starnberger See*, zweite Auflage, München 2006

Alfons Schweiggert: *Edgar Allan Poe und König Ludwig II. – Anatomie einer Geistesfreundschaft*, St. Ottilien 2008

Marcus Spangenberg: *Der Thronsaal von Schloß Neuschwanstein – König Ludwig II. und sein Verständnis vom Gottesgnadentum*, Regensburg 1999

Ernst Ursel: *Die bayerischen Herrscher von Ludwig I. bis Ludwig III. im Urteil der Presse nach ihrem Tode*, Berlin 1974

Rudolf H. Wackernagel (Hg.): *Staats- und Galawagen der Wittelsbacher*, 2 Bände, Stuttgart 2002

Marie von Wallersee: *Meine Vergangenheit*, Berlin 1913

www.cybavaria.de
www.guglmann.de
www.haus-bayern.com
www.hdbg.de/ludwig
www.herrenchiemsee.de
www.koenig-ludwig-chronik.de
www.linderhof.de
www.ludwig2bayern.de
www.neuschwanstein.de
www.paula-bosch.de
www.robotic.dlr.de
www.schloesser.bayern.de

Zur besseren Lesbarkeit haben wir bei den Zitaten auf Auslassungszeichen verzichtet, die Zeichensetzung dem heutigen Gebrauch angeglichen und kleine Einfügungen, die dem besseren Verständnis dienen, nicht als solche kenntlich gemacht. Außerdem wurden offensichtliche Fehler bei der Schreibung von Namen, Titeln oder Werken stillschweigend korrigiert.

(Anonymes Jugendbildnis)

Abbildungsnachweis

© Blanc Kunstverlag, www.blanc-kunstverlag.de: Cover

© Sammlung Jean Louis Schlim, München: Frontispiz, S. 10, 18, 21, 23, 36, 38, 68, 81, 85, 94, 95, 103, 106, 113, 121, 123, 127, 130, 144, 147, 158, 166, 179, 181, 188, 195, 209

© Archiv Verlag Werner, München: S. 17, 80, 141, 203

© Johannes Simon, *Süddeutsche Zeitung*, Foto: S. 24

© SPIEGEL ONLINE: S. 41

© Wittelsbacher Ausgleichsfonds München: S. 44, 88, 152, 173, 178

© Disney Enterprises: S. 47

© The Andy Warhol Foundation / Corbis: S. 48

© Roko Johin, TextLab: S. 52

© Erol Gurian: S. 53

© Gerd Hirzinger: S. 58, 191

© Deutsches Zentrum für Luft- und Raumfahrt e.V.: S. 59

© bpk / RMN / Gérard Blot; Musée du Louvre, Paris: S. 72

© Stiftung Stadtmuseum Berlin, Reproduktion: Hans-Joachim Bartsch, Berlin: S. 73

© bpk / Stiftung Preußische Schlösser und Gärten Berlin und Brandenburg / Roland Handrick: S. 87

© Paula Bosch: S. 90

© Bayerisches Hauptstaatsarchiv, Geheimes Hausarchiv: S. 93, 117, 163

© Dieter Olaf Klama: S. 101

© You Higuri 1996; You Higuri, *Ludwig II.*, Band 1, PLANET MANGA / Panini Verlags-GmbH: S. 114

© Nationalarchiv der Richard-Wagner-Stiftung Bayreuth: S. 124

© Bayerische Verwaltung der staatlichen Schlösser, Gärten und Seen: S. 137, 168, 176, 185, 186, 194, 206

© DB-Museum Nürnberg: S. 150

© bpk: S. 160

© bpk / Kunstbibliothek, SMB / Knud Petersen: S. 161

© Schwules Museum, Berlin, Sammlung Sternweiler: S. 182

© Bildarchiv Geistaller: S. 199

© interDuck / DUCKOMENTA: S. 220

© Sodapix: Umschlagrückseite

Die restlichen Abbildungen entstammen dem Archiv der Autoren.